读客文化

超级符号原理

横扫中国17年的传奇品牌理论

华杉 华楠 著

文汇出版社

你总是想把自己的商品卖出去，你把这些商品放在货架上，希望购买者走到货架前，拿起它就走，但是往往不能如愿——绝大多数商品并不能像它的研发者所期待的那样畅销。

但是你有没有想过，在货架前的这一个购买者，实际上他是非常希望把兜里的钱花出去的；他在货架前搜寻来搜寻去，如果没有买到他想买的商品，他也会非常失望。

所以我们需要知道，在货架前到底发生了什么？销售者总想把自己的商品卖出去，购买者往往揣着钱却买不到他想要的商品，如果买到了，他也会非常庆幸。

《超级符号原理》所揭示和描绘的就是货架前发生的事情，通过发掘货架前购买者和商品之间如何沟通的深层原理，来揭示"购买"这一行为的本质。

《超级符号原理》帮助你最终实现：依据这套方法研发出来的商品，能在货架上自己把自己销售出去。更进一步地，依据货架前发生的人类行为的深层原理，如何打造产品结构来占领货架，形成品牌阵列。如何让购买者不断来到货架前，重复购买同一产品以及属于同一品牌的不同产品，最终使得品牌得以深入消费生活，成为消费者日常生活的一部分，让品牌拥有生生不息的生命力——

本书讲述的就是货架前的故事的全部原理。

目 录

第一部分　文化母体

第二部分　购买理由

第三部分 超级符号

第四部分　货架思维

文化母体

人类生活是一个巨大的文化母体

  我们对下面这张图都非常熟悉,这是一张近几十年才合成出来的银河系照片。更早以前的人类没见过。银河系以每秒250公里的速度在旋转。现在我们在银河系中所处的位置和2.2亿年前是一样的,因为银河系自转一圈需要2.2亿年,但我们是感受不到这个旋转的。

银河系

我们再看下一张图。

海王星
天王星
土星
木星
火星
地球
金星
水星

太阳系行星

另一个旋转我们是可以感受到的：地球绕着太阳呼呼地转，月亮又跟愣头青似的绕着地球转。这可以说是宇宙中最伟大的三角恋了。

星体的运行——地球的自转、绕着太阳的公转，以及月亮的旋转，给我们带来了春夏秋冬的一年四季和昼夜交替的24小时，这是一个有节奏的、循环往复的旋转。

地球上所有的生命都是根据这些旋转繁衍、迭代，过着规律性的生活。

在人类出现以前，这个旋转就已经进行了几十亿年。后来人类加入了这个旋转，人类文明加入了这个循环往复的天体运行当中。

地球围绕着太阳的公转催生了世界最早的文明之一——埃及文明。尼罗河两岸部落人的生活，随着尼罗河一年一次的泛滥而律动：当尼罗河泛滥的时候，他们把牛羊赶上高地；当洪水退去后，他们又到尼罗河留下的淤泥地里开始种植农作物，成千上万年地过着这样的生活。

这些几乎是永恒的旋转，带来了一个巨大的文化母体：人类的生活。人类的生活周而复始，循环往复，永不停止，衍生出人类文明中各种各样的戏剧。

"超级符号原理"的第一条咒语便是"文化母体"——怎么把我们的商品、我们的品牌，寄生到人类

生活这个巨大的文化母体当中。

银河系、太阳系的旋转，不是因人类而生的；人类的文化母体，也不是因我们个人而生的。

人处在周而复始、循环往复的戏剧中，在永不休止的过程中出生，也在永不休止的戏剧中去世。我们加入和离开的方式是一模一样的，都是周而复始、循环往复的。

千万年以前的人，他们出生在山洞里，出生在草丛当中，一旦出生，立刻就加入了这场戏剧；今天的人出生在医院里，出生时已经被安排好了脚本。每个人都这样来到这个世界，离去时也是一样。社会为每个人都准备好了仪式，准备好了道具——殡仪馆、墓地、棺材、骨灰盒……不管你有没有意识到，不管你愿不愿意，这个戏剧已经帮你准备好了脚本和道具，让你出演这场戏。这是我们讲的文化母体。

创新的前提是守旧

文化母体的特征有四点：永不停息、无所不包、循环往复、真实日常。

前面三点是比较好理解的，想想这个星体运行就能明白，我们往往忽略的是真实日常。

我们说银河系的旋转，虽然很真实，但是好像离我们很遥远，因为我们看不见它，虽然我们就在其中；太阳系的旋转，就很日常，每一天都可以感受到。

在工作的时候，同事们分析文化母体，往往说出一些很概念性、很宽泛的话，我便会经常反问：你说的是不是一个母体？我们知道母体是很日常的，是一件又一件具体的事情，不是一个抽象的概念。

人类在循环当中演化，循环的部分是守旧，演化的部分是创新，创新基于守旧，创新的前提是守旧，一切创新首先是守旧。

之前讲星体运行时谈到，地球现在所在的位置是2.2亿年前在宇宙当中的位置、2.2亿年前银河系旋转所到的位置，2.2亿年前统治地球的是恐龙，2.2亿年后统治地球的从恐龙变成人类，这就是循环往复当中有变化发生。2亿年以后人类或许就不在了，我们也不知道谁会继续统治地球。

也就是说，在这个循环里面，演化是不停地在发生着的。

所谓演化，对我们来说，就是产品的创新、创意的创新。

当我们提到创新的时候，便要将创新加入循环当中，成为循环的一部分。所以，创新的基石，在于是否能够进入这个循环，而且被这个循环所接受。因此，最重要的便是寻找文化母体，最重要的便是守旧。

只有我们的创新、创意能够符合旧的循环，才能够在旧的循环当中加入我们的创新，我们的创新才有生命力。我们说寻找文化母体，也就是守旧，是我们一切工作的前提。那么如何守旧呢？关键就在于认识人类文明的文化母体。

文化母体以仪式和符号的形式体现

文化母体有它约定俗成的时间、仪式、道具，特点是不可抗拒、必然发生，发生的形式是集体无意识、自发卷入。

具体而言，母体是不可抗拒的，母体是必然发生的，母体发生的时候是集体无意识，参与母体的人是自发卷入，一切母体行为都是在潜意识当中进行的。

以春节为例。春节是一个基于中华传统文化的巨大文化母体，一个中华文化圈中的人共同参与的巨大的人类的戏剧，有庞大的仪式体系、庞大的符号体系、庞大的惯性和庞大的商业活动。

历史记载，春节起源于殷商时期，汉代的时候确定下来，定为新年的第一天，长期以来是农历腊月初八到正月十五。为什么在这个时间点上形成这样一个节日？它和星体运行的关系是什么？

一切文化母体都来自星体的运行。

中国属于农业社会，每年的冬季，耕种都停下来了，家家户户都有一点儿余粮，可以拿出来庆祝，而集中起来庆祝可以加强部落、民族、国家的凝聚力。所以定下来的这一段时间里，大家一起庆祝，于是就形成了这样一个节日。

文化母体一旦形成就会体现为仪式和符号，传承的就是仪式和符号。

我们来看王安石的诗《元日》：

爆竹声中一岁除，春风送暖入屠苏。

千门万户曈曈日，总把新桃换旧符。

"爆竹声中一岁除"，春节是要放鞭炮的，"一岁"是爆竹声中放掉的，这是仪式。"春风送暖入屠苏"，敬这杯酒也是个仪式，我们春节都要喝酒，双手捧杯敬长辈，母体中的道具是屠苏酒。最后是"千门万户曈曈日，总把新桃换旧符"。仪式、符号、道具，全部在这一首诗里面体现了出来。

今天我们继承了一千年前王安石时代的整套体系，只不过在这个体系当中有一些变化，有一些道具更换，有一些仪式增加了——现在有些城市市区不允许放鞭炮，要到郊外才能燃放。除了春节到外环外放鞭炮，其他时间会去放鞭炮吗？今天晚上会不会有人来劲了去外环外放鞭炮？没有母体的要求你是想不起来去做这件事的。

带着庞大的惯性，这个延续了几千年的节日的庞大文化母体，至今仍然活力十足。

刚才说到"自发卷入，不可抗拒"，那么，有没有人想抗拒春节？国务院宣布今年我们不过春节了，有没有这样的事情？

1928年国民党政府宣布，从1929年起只过阳历新年，坚决废止农历新年，废除春节。他们不允许中国人过春节了，要全部过元旦，也不允许放鞭炮，不允许以任何理由聚会，不允许"总把新桃换旧符"，不允许贴对联，不允许贴门神……一句话，他们想剪断文化母体。

于是人们像搞地下活动一样过春节，在国民党出动密探、特务去禁止中国人过春节的时候，中国人仍然悄悄地过春节。过了两年，禁令彻底失败，变得毫无意义。

文化母体一旦形成，就具有不可抗拒的力量，就一定会准时发生，发生的形式就是伴随着众多的复杂的仪式、符号和道具。

我们自己也可以回想一下，过去一个春节里面都做了些什么；在近几十年里，我们的春节发生了什么样的演化。

近40年春节的重大演化就是出现了春晚，春晚是节日创新的仪式。随着时代的发展，家家户户都有了电视机这个庞大的媒体，于是，春晚就作为一个仪式加入了进来。接着，随着电视媒体的衰败，这个新加入进来的仪式又渐渐衰败了下去。

在母体仪式当中，为什么有的仪式会起来、会衰败，有的仪式又永远充满活力、生命力？

春晚在三四十年的时间里，就从无到有到巅峰，然后几乎跌入了谷底。"总把新桃换旧符"，几千年来，年年贴，年年换。可以看到，这个文化母体，这个仪式，过去有多少年的历史，未来就有多少年的生命，有多长的过去，就有多长的未来，我们则永远在中间点上。

春晚的仪式基于技术，基于时代的变迁，它有三四十年的过去，却未必有更加漫长的未来，因为技术的变化会更快。因此，在理解文化母体、理解仪式的时候要看到，我们首先要守旧，有多长的过去，就有多长的未来。王安石的新桃旧年历经千年依然有着蓬勃的生命力，承载着中国人千年不变的情感和期望，并仍将以千年为单位地延续下去。

每个人都是文化母体的执行者

.

我们的每一个行为，都是在执行母体的需求，人类社会为我们的每一个行为都准备好了母体所需的场景和道具。

有个人要去洗手间，他往那儿一坐，这就是一个母体行为，因为人们会循环往复、周而复始、不可抗拒、真实日常地去洗手间，所以这就是一个文化母体。这就要有道具，但道具不需要他来准备，右手边墙上已经有了卫生纸，这个卫生纸就是作为一个道具等候着母体行为的发生。如果说有的人比较毛躁，用力太猛把纸弄破了呢？洗手台上准备了洗手液，擦屁股弄破了纸也不要着急，因为这是一个母体行为，道具都为大家准备好了，用洗手液洗完手记得闻一下就好了。

我们的每一个行为都是在执行母体的要求，因为母体无所不在、无所不包。比如，今天你从家里出来，按照母体的指示，要去上班，你每个工作日都要上班，每个工作日也都有人要去上班，从星期一到星期五，在你上班的这条路上，不管是哪一条路，只要是从居民区通往写字楼的路，这条路上每天早上七八点的时候，都会充满饥肠辘辘的上班族，这是一个母体现象。于是，就会有人在这条路上支起一个包子铺，因为他知道每天早上都有足够多的饥肠辘辘的人从这里经过，他要为上班族准备早餐，准备包子，准备油条，准备豆浆，准备牛奶。这些包子、油条、豆浆、牛奶，就是每天早上饥肠辘辘的上班族经过这条路时母体所需要的道具。

人们加入母体行为的时候，无须意识到这个事情，全部是自发卷入，是集体无意识的行为，但是都会准确地做出母体要求他做的事情。比如包子铺，店家每天会在同一个位置卖包子，这样吃包子的人才找得到他。店家不会今天在这个街角，明天到那个街角，卖包子对他来说是充满仪式感的事情，换言之，就是说这件事的行为动作、时间、地点都有严格的规范。

揭开蒸笼的盖子，我们看到蒸笼里面有不同的包子，有菜包子，有肉包子，有豆沙包子，等等。包子是不透明的，店家怎么知道哪个包子里面是肉，哪个包子里面是菜呢？他通过符号解决了这个问题。包子看起来都是一样的，但是细看包子的顶部，你便会发现，有的是扁的，有的是尖的，扁的是肉包子，尖的是菜包子。这样，我们可以得出一个判断，店家周而复始、循环往复地自发使用符号干着这件事情。

我们继续模拟接下来的情境。当你拿着包子往前走，就会走到一个路口，有一个警察在路口指挥交通。每天上班的时候是交通的高峰期，红绿灯都会亮，斑马线也还是在那里。我们讲，文化母体是通过仪式和符号体现出来的，说路口有一个警察，你怎么知道他是警察呢？他为什么不是便衣警察呢？因为他要指挥交通，希望你听他的，所以他会穿着交通警察的衣服。于是你就会马上知道，你现在要过马路，首先要听他的。这就是符号和仪式在母体中的体现。人们会毫无意识、潜意识地听从符号和仪式的指挥。没有符号就没有权力，如果是一个便衣警察站在那里指挥交通，路口就会乱成一团。再往前走，没有警察的时候，你就会听从红绿灯、斑马线的指挥，即你会听从来自母体的指挥。

再比如，我们公司有300人在酒店开会，可同事之间并非都相互认识，但是当他们看到戴着黑白格子领带的人的时候，便会知道他是我们的同事，可以信任他的指示。所以我们说，人类社会为每个人都准备好了母体

戴着黑白格子领带的读客员工

所需的场景和道具。

人和母体的关系：人是母体的执行人。个体是母体的执行人，商家是母体道具的生产营销执行人，消费者是母体道具的购买体验执行人。

这里，我们提到了"母体道具"这个词。回到刚才我们说的早餐的例子，有一个每天活跃的母体——每天早上从居民区到写字楼的路上，有一个饥肠辘辘的上班族，会从这里路过，成群的饥肠辘辘的上班族会从这条路上路过。在母体当中会出现一个道具，一起参演这场戏剧，这个道具是包子、油条、豆浆、煎饼馃子。这个道具由谁提供？由商家来提供。商家负责生产和营销这些道具，而消费者就是来购买和体验这些道具的。周而复始，天天都这样。商品即道具。

把包子的顶部搓圆就是肉包子，把包子顶部捏尖就是菜包子，这样，包子身上便有了符号。为什么圆顶的是肉包子，捏尖了的是菜包子？这是符号的规定。

符号是用来揭示产品、揭示道具的价值，加快道具和道具购买者之间信息沟通的速度和效率的。

把品牌寄生在消费者的生活中

讲到这里，我们发现，这已经接近我们讲的产品研发了。因此，顺理成章地，我们就从文化母体进入了品牌寄生。

这些包子寄生在母体身上，成为母体的道具，参与了这个戏剧。因为母体是必然发生的，每天早上必然会有个饥肠辘辘的人经过这个包子铺，只要店家准备好包子，就必定能卖出去，这就是品牌寄生。**让产品在文化母体中充当一个道具，这就是我们说的品牌寄生。**

我们要思考的是，我们销售的商品要寄生在什么样的母体身上，我们的品牌又可以寄生在哪个必然发生的母体身上。

我们说文化母体是无所不包、无所不在、千变万化的。除了我们上面提到的，再想想还有一些什么样的文化母体。比如上面提到的例子，我们在酒店开会，这是一个文化母体。为什么有这样一间会议室？不是因为我们今天要来这里开会，而是因为时不时、三天两头都会有人要开会，要开能容纳300人的会议，所以会产生一个能容纳300人的会议室这样的道具。当我们这300人要开会的时候，我们就寻找哪里有能容纳300人的会议室，于是我们发现上海有很多能容纳300人的会议室。接着，我们的要求更详细，要找高档的会议室，要找离我们公司近的会议室，这样就把会议室找出来了。这个会议室一直等候母体戏剧的发生，一发生就产生了销售。

实现品牌寄生，购买必然发生

再看这个例子。我们经常会讨论，到底有没有外星人。2亿年前，外星人没有来地球；2亿年后，外星人还是没有来地球。但是天天有人讨论，到底有没有外星人，在酒吧、咖啡厅、学校、宿舍、走廊，茶余饭后总有人讨论到底有没有外星人。有些人面红耳赤说一定有的，这样就进入了第二个话题：外星人在哪里？接着是第三个话题：外星人长什么样？

人们在讨论到底有没有外星人，这就是一个强大的文化母体。

　　只要有母体，就可以产生销售，所以当我们找到这个母体，将一本讨论外星人的书命名为《外星人就在月球背面》时，就会马上成为畅销书。因为货架前那个人昨天刚刚讨论了到底有没有外星人，今天他看到这本书时，便激活了他所携带的母体，这本书作为道具可以参与这场讨论。昨天他讨论了到底有没有外星人，外星人在哪里，这本书说外星人在月球背面，这就加入了这场讨论。

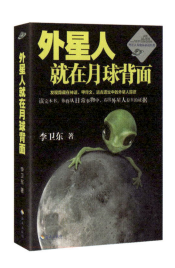

我们讲要激活母体，回到母体。作者为什么写这样一本书呢？也是因为受这个强大的母体的驱使。这个作者跟读者一样，也一直在思考到底有没有外星人，所以我们看到，作者也是母体的一部分，是"母体道具"的生产营销执行人，是生产者，而出版社则是营销者。

何谓"从母体中来"？由于对"外星人在哪里"这个问题很痴迷，作者一直在思考，一直活在母体当中写这本书，这本书之所以写成，就是从母体中来。

当我们把这本书命名为《外星人就在月球背面》，并放到货架上的时候，它就加入了这场讨论，实现了从母体中来，到母体中去，成为母体的一部分。

当这个读者再一次讨论这个话题的时候，就有了比较权威、比较聪明、比较新奇的论点，这就是"成为母体的一部分"。

在这本书成为母体的一部分之后，随着其畅销，人们对外星人的讨论越来越多，越来越热烈，这就"壮大了母体"。

从母体中来，到母体中去，成为母体，壮大母体，这就是商品在母体当中扮演的角色。如果能实现这一点，就实现了品牌寄生。

文化母体必将循环往复地发生，找到过去发生过无数次的母体场景，观察商品在其中扮演的角色，设计商品参与扮演角色的方式，实现品牌寄生。母体一旦循环至此，购买必将发生。

我们要强调一个信念，**文化母体必然是会重复的，而只要实现了品牌寄生，购买也是必然会发生的。**

情人节那天必然会发生什么事情呢？必然会有情侣出去吃饭，出去逛街，出去看电影，也必然会有情侣经过西贝莜面村。我们打一个广告："亲个嘴，打个折"。这就是寄生，寄生在情人之间最常见的仪式——亲嘴、接吻——中。情侣们在情人节要逛街，逛街要庆祝，你鼓励他们接吻，让你的品牌参与到情人节母体仪

西贝亲嘴打折活动

式当中，品牌参与进去了，就获得了生命。

通过仪式将品牌寄生在母体之中，这就是典型的品牌寄生的案例。

随着时间的推移，这个活动的生命力会越来越强。20年后，当年的小情侣，现在已经当了父母，这个品牌、这家餐厅会成为他们爱情的记忆，他们对这个品牌会有深厚的感情。

很快，他们的子女也成长起来，新一代的年轻情

西贝亲嘴打折商场推广

西贝亲嘴打折路边宣传

侣也还在过情人节，情人节当天还是和情人一起去逛街，还是会经过西贝莜面村，这个时候"亲个嘴，打个折"，就不再仅仅是一个品牌活动，而成为情人节巨大母体当中非常有生命力的母体，这就壮大了母体。同时也让品牌拥有了恒久的生命力，成为人类文化的一部分。

就像我们之前讲到的，春晚本来只是个产品，后来进入了母体，成为母体新的仪式。"亲个嘴，打个折"，随着几十年如一日的推广，随着这家餐厅遍布全世界，也会成为情人节母体当中新兴的母体仪式，这就是品牌寄生。如果不是因为它找到了母体，它是没有办法自己建立起这样一个母体来的，成本太高、困难太大了。所以品牌寄生的意思就是说，母体一旦循环至此，购买必将发生，品牌就会闪光。

如何实现品牌寄生呢？通过改造并占领特定文化母体中的词语符号和仪式。

每一个具体的文化母体，都有丰富的符号、仪式和词语，都有丰富的符号系统，来表达母体的方方面面，品牌寄生就是要找到这些最适合这个品牌的符号、仪式、词语，然后牢牢占据它们。

"亲个嘴，打个折"，通过占领情人节特定母体当中情侣要亲嘴的仪式，成功实现了品牌寄生。

借助符号占领文化母体并建立品牌

再来看一看千变万化的文化母体当中，母体和符号、仪式、词语的关系。

之前我们讲的是春节，现在我们讲中秋。相对于春节而言，中秋节的符号体系更加单纯一些。就像我们上面提到的，所有的文化母体都是由星体运行推动的，中秋也是星体运行带来的文化母体，而且更明显一些。到了那一天，一个星体旋转到了夜空的正中间，这就向全中国人民宣布，大家开始过中秋节，开始赏月。星体的形状——圆形，成了这个节日最强势、最核心的符号。在这个节日里面，有一个最重要的仪式，就是一家人坐在一起切月饼吃。月饼是圆形的，月饼代表团圆的意思，是一个统领。

美国的哈根达斯冰激凌，也想分一点儿中秋节的流量，占点儿便宜，便推出哈根达斯冰激凌月饼。哈根达斯跟月饼有什么关系？本来是毫无关系的，本来大家争论的是月饼吃五仁味的还是吃莲蓉味的，结果出来一个冰激凌口味的。那么，如何把冰激凌变成月饼的一种呢？就把冰激凌做成圆形的。可以做成三角形的吗？不行，因为要有符号的规定。接着，哈根达斯的包装盒上印上了嫦娥，所以顺理成章地成为月饼。按照这个逻辑，接下来它很可能会继续推出冰激凌粽子。不管你本来是什么，只要你顺理成章地进入这场仪式，就会有购买发生，因为参与这场仪式的人，认的只是符号。

符号把冰激凌变成了月饼。

我们再来看拍集体照的例子。拍集体照时要对口型，在千变万化的文化母体当中，包含拍集体照的时候，大家都要大喊一声"茄子"。按照我们之前讲的判断文化母体的方法，文化母体是周而复始发生的戏剧：所有人拍照的时候喊一声"茄子"，这就是母体。所谓周而复始发生的戏剧，就是过去普遍发生，未来也必

"拍照大声喊田七"广告

然会普遍发生的。因此，只要是母体，你就有办法占领它，而一旦占领了它，你就能实现销售。

当2003年华与华拍的一则广告片说"拍照大声喊田七"时，我们看到他们用了一家人聚在一起拍照时喊"田七"的形象，于是他们就把这个仪式占领了，把这个母体占领了。而当在中国各个景点、各个城市，拍集体照的时候大家都喊了"田七"，这个品牌就得到了几何级的传播。

文化母体必将发生，只要进入母体，占领母体当中核心的仪式，这个品牌就能成为一个强大的品牌。在千变万化的文化母体当中，一个不断被讨论的话题，既是一个母体的形式，也是一个母体。参与这个话题的讨论，占领核心词语，同样能实现销售，建立品牌。

准确描述文化母体，激活购买潜力

　　"曹操"作为一个话题，已经被讨论了1790多年，而且对他的讨论必将继续，所以"曹操"这个话题一定是一个文化母体，一定能够催生畅销书、畅销的产品、畅销的电影、畅销的电视剧、畅销的游戏。只要找到文化母体，占领文化母体，就必然产生销售。因为母体中蕴藏着强大的购买力，亦即母体一旦发生，这些人就需要道具，只要能够扮演这场戏剧中的道具，你就可以把自己的商品卖出去。

文化母体是一个循环往复的场景，可以被描述为一个真实具体的场景。我们之前提到的那场300人会议是一个文化母体，因为场景是真实的，是看得见的。与此同时，它又是循环往复的。今天我们开完会走了之后，明天会有另外一批人坐在这里开会。文化母体一定是一个你经历过的，或者与你切肤相关的场景。

　　曾经，我问过一个男同事：女孩子痛经是不是一个文化母体？他说是的。我说你经历过吗？他说没有。我

读客出品的《卑鄙的圣人：曹操》

说和你切肤相关吗？他说是的。所谓**文化母体，要么是你经历过的，要么是和你切肤相关的**。而且这个场景当中的人，应该是一个单数，是一个人，而不是一群人。你要揣摩购买者在想什么、在做什么，以及需要什么。你知道他此时此刻会发生什么，他对什么词、什么符号、什么仪式有着高度的敏感。当我们界定文化母体、思考文化母体时，场景中的人一定是一个人，是单数。

回到开会的例子，我们说有300人在这里开会，我们需要找到来开会的每一个人。当我们找到那一个人的时候，是这样一个情景：这个人参加一场300人的会议。同样地，当我们说那么多饥肠辘辘的上班族经过这条路时，我们说的是有一个人饿着肚子，和其他饿着肚子的人一起经过这里。

当我们在描述文化母体当中的人、描述文化母体场景的时候，我们一定要使用单数。因为我们找到这个人，找到这个文化母体的目的，是为了考察这个人，是为了虚构这个人，是为了寻找这个人对哪个词敏感、对哪个符号敏感、对哪个仪式敏感，从而揣摩他对这些词、符号、仪式所产生的心理活动，然后我们要跟他对话。

我们说精确描述一个母体场景的时候要找到单数的人，这个人叫作母体执行人。我们要知道他对什么词、什么符号、什么仪式高度敏感。再回到西贝莜面村的例子，我们知道情侣一定对"I LOVE YOU"高度敏感，一定对亲个嘴的仪式高度敏感，当他们看到这个海报的时候，必定就兴高采烈地过来了。

我们寻找文化母体一定要靠常识寻找或者理解，但是我们要借助一些工具或者一些理念。我们用常识描述文化母体的工具有四个：词语、符号、仪式、单数。

品牌寄生的四重境界

品牌寄生有四重境界。

第一重境界：从母体中来。从母体中来的方法，要找到母体，精确描述母体，然后找到寄生在母体中的方式。

第二重境界：到母体中去。被母体购买执行人买走。

第三重境界：成为母体的一部分。要能够牢牢寄生在母体上面。

第四重境界：壮大母体。通过销售，通过流行，让母体更加壮大。

前面讲的就是我们16字咒"文化母体，购买理由，超级符号，货架思维"中的第一个词——文化母体。首先要意识到文化母体，要意识到由母体运行直接执行，不可抗拒，不可取消。只要是文化母体，它一定是过去频繁发生过，未来也必将发生的。其次，所有的商品都是母体的道具，粽子是端午节的道具，月饼是中秋节的道具，西贝莜面村则成功成为爱的道具、情人节的道具。**商品一旦成为母体的道具，就真正拥有了生命力。**

品牌寄生是通过词语、符号和仪式实现的，我们将这三个词划分开了，事实上词语和仪式也都是符号的一部分。而符号越强烈，寄生的能力越强。什么叫符号越强烈寄生的能力越强呢？当我们看到情侣在情人节逛街的时候，还有另外一个非常常见的仪式，那就是小情侣都是牵着手逛街的。如果我们说牵个手打个折，那就完蛋了，因为这个符号不够强烈，戏剧性不够，亲个嘴的符号才足够强烈。足够强烈的符号，才能够形成有力的寄生。

一旦成功寄生上去，我们就知道，这个品牌其实已经定型了，今后要做的事情就是要不断强化寄生，不断强化这个仪式，乃至于替代母体当中本来的仪式，让商品的仪式成为母体仪式当中的一部分。

最典型的案例是什么呢？莫过于可口可乐的圣诞老人。当1935年可口可乐画出红白衣服的圣诞老人，去替代以前花花绿绿的圣诞老人的时候，它仅仅是实现了一次成功的促销活动，但是它把这个促销活动坚持到了今天，它就牢牢占据了圣诞老人的母体，不仅把以前的圣诞老人彻底清除出局，还成为母体的一部分，壮大了母体。

通过什么方式来壮大母体呢？是谁让中国人过圣诞节的呢？可口可乐是背后最大的推动者，因为每年到圣诞节的时候，它都会发起规模庞大的促销活动，并且把别的商家全部卷进来，把它的符号全部免费给所有的人使用。圣诞节到超市里面去，我们会发现所有服务员都戴一顶小红帽，而这顶小红帽就是可口可乐的注册商标，但是它已经通过占领符号，强大到了没有人意识到这一点。

冬天有一个圣诞老人年年会出现，这是从母体中来；设计形象占据圣诞老人的符号，这是到母体中去；把圣诞老人投放到各个商场，最终全世界的人都认识了圣诞老人，这是到母体中去，成为母体，壮大母体。而大家认识的这个圣诞老人是被可口可乐替换过的圣诞老人，却少有人意识到这一点，所以这是有史以来最成功的一次品牌寄生的活动。

第二部分

购买理由

购买理由就是与消费者"对暗号"

当我们找到文化母体，找到商品或者品牌要寄生的母体时，该如何做才能寄生上去呢？这个时候我们就来到了"购买理由"。

消费者身上携带着各种各样的文化母体。有的人喜欢关于外星人的话题，有的人喜欢足球，有的人喜欢给人家支招儿，收集一点偏方。他脸上是没有这些东西的，但他脑袋里面有。我们对于他是谁、长什么样子、什么年纪、什么职业、有什么偏好等，都不知道，但是我们知道，由于关于外星人的话题是一个文化母体，所以在货架前经过的100个人里面，一定有10个人是喜欢这个话题的。这是概率，所以一定有的。因此，在货架面前，一定有我们的母体执行人，我们要做的，就是把他身上的母体唤醒。

100个人里面有10个人喜欢这个话题，对于另外90个不喜欢的，我们希望他们赶紧走开，不要在这里堵住货架，而让另外10个人走到这里，并能迅速看到我们。当这10个人看到我们的时候，我们要对他们说一句话，这句话就是购买理由。

购买理由是唤醒母体活动，唤醒执行人身上的母体活动。

购买理由是对母体中的人说话，引起他的注意，并触发母体行为，达成购买。首先要唤醒母体，如何唤醒？通过母体词语去唤醒母体，我们称之为"对暗号"。即在电光石火之间唤醒母体，表达品类，给出品种价值。如何能够在电光石火之间唤醒母体？我们做的第一件事情就是确定"超级词语"，超级词语一出现就能唤醒母体。

　　比如一本书的文化母体定为：这个人对西藏文化非常痴迷。凡是与西藏有关的话题，他都会积极参与。他想去西藏玩，他想了解藏传佛教，他想去布达拉宫看一看，他喜欢看那里的蓝天白云……这个母体携带在他身上的时候，并不会体现在他的脸上，而体现在他对西藏，对布达拉宫，对藏地，对彩条等的高度敏感，所以我们将书取名为《藏地密码》。"藏地"两个字就能够唤醒母体活动。购买理由是："一部关于西藏的百科全书式小说"。关于"西藏""藏地"，这就是超级词语，会让这个人瞬间苏醒，并马上发生母体行为，而这个母体行为就是拿起这本书了解一下，看一看。

　　再比如，一个人昨天在看电视的时候，换到一个正在介绍布达拉宫的唐卡的频道，他停下来看一下，这就

读客出品的《藏地密码》

是母体行为。前天有个人从西藏回来，他的同事很羡慕地听他讲西藏的见闻，这是母体行为。一个人拿起《藏地密码》，想了解一下"一部关于西藏的百科全书式小说"到底是一本什么样的书，这也是一个母体行为。

当母体执行人被购买理由唤醒的时候，他所有的注意力都会集中于购买理由，集中于这一句话。这个时候，他就变成了单细胞生物，他的世界只有这一个购买理由。

那么，我们来看，他的内心活动是什么呢？他会首先意识到一点：这真的是一本关于西藏的百科全书式小说吗？他所有的注意力、所有的思维活动，都会凝聚在这一个点上。这个时候我们要做的，就是快速向他证明，这确实是一本关于西藏的百科全书式小说，其他的一切都不重要了。购买理由唤醒文化母体，而且使母体执行人的一切注意力集中于这一个点，这就是购买理由的作用。

购买理由的关键在于打动而不是说服

这里要讲一个经常混淆的概念，就是购买理由和消费需求。

购买理由是心理上的打动机制。购买是由购买理由驱动的，不是由需求驱动的。

我们讲所有的购买都是由购买理由驱动的，不存在没有购买理由的购买。

购买就像是多米诺骨牌一样，购买理由就是推动多米诺骨牌的那根手指头。没有那根手指头的推动就不会有产品购买；一旦有那个手指头推动，购买会自然发生。

需求是什么呢？回到之前的例子，每天早上，有那么多饥肠辘辘的上班族经过这个路口，他们需要吃早餐，但是，他们不需要吃包子，也不需要吃油条或者煎饼馃子，他们只需要填饱肚子，因为这是购买理由驱使他们买店家的东西。一个人觉得他要吃两个鸡蛋，他就可能会吃两个茶叶蛋，这是购买理由。

购买理由唤醒的是母体，它是心理上的打动机制，不是说服机制。

购买理由是围绕母体词语造句，用超级句式造出一个能打动人的句子。所有的购买理由都是可以用一句话说清楚的，任何购买理由最后都会简化成一句话。

所谓母体词语，是能让虚拟消费者心里咯噔一响的词语。

任何一次购买都不是必须的，任何一次购买都有选择。消费者购买的任何一样东西都不是他必须买的。

消费者买一件衣服，这是他不需要的；消费者买一个包子，这是他不需要的；消费者买一瓶可乐，这是他不需要的；消费者买一台手机，这也是他不需要的……

总之，消费者不需要购买任何东西。但是由于购买理由的存在，消费者每天都在买买买。人类基本的需求是什么？就是活下去——吃饱，不要饿死，不要冻死，有个对象繁衍后代。人类的基本需求就是这些，剩下的全部是选择。

如果一个人仅仅为了吃饱不饿死，他的选择有多少？他可以吃什么呢？他为什么要去买那些东西呢？他为什么要去餐厅吃饭呢？他去餐厅吃饭还要在各种各样的餐厅中选择。他要买衣服的时候，有各种各样的牌子要挑，各种各样的款式要挑。没有任何一个款式、牌子是他真正需要的，总是有各种各样的购买理由，促使他，打动他去选择，去购买。

所有的购买实际上是母体当中的一个文化行为，而任何一个文化母体，一定能够找到一个超级词语，来表达它，来唤醒它。

超级句式必定是口语化的

这里谈到超级句式，我们顺便看一下什么叫作超级句式。

比方说，我们有一本书，是台湾地区一个年轻人写的台湾1970年代到2010年这几十年的历史。怎么把这本书的内容，用最快的速度介绍给购买者？我们使用这样一句话："讲述台湾老百姓自己的故事。"这个地方我们使用了一个超级句式："讲述老百姓自己的故事。"这是红了一二十年的中央电视台的节目，使用这个超级句式，植入我们的超级词语，我们将它改造成了"讲述台湾老百姓自己的故事"。我们用这12个字把信息全都传达出去了。12个字按照正常的阅读速度需要三秒钟，由于我们使用了超级句式，读者只需要一秒钟，就能完整地接收这个信息，而且可以过目不忘、脱口而出。

《我们台湾这些年》

《我们台湾这些年2》

超级句式能够提高信息传播的速度。因为超级句式在消费者脑袋里面是本身就有的，我们只需要把商品信息植入、嫁接到已经存在于消费者脑袋里面的信息中。

购买理由用超级句式说出，能极大地提升情绪，提升表达价值的能力。上面谈到，超级句式的阅读速度是极快的。比如，"送长辈，黄金酒"，就是朗朗上口的超级句式。再比如，"打土豪，分田地"，这也是超级句式。读客知识小说文库的口号也是这个超级句式：读小说，学知识。干净利落地给出指令和价值。

对超级句式的阅读，消费者只需要阅读关键词，就能获得完整的意义和情绪。比如，我们希望消费者能够记住西贝莜面村的品牌，于是我们找到了一个超级句式"I LOVE YOU"，把这个"YOU"替换成莜面村的"莜"，就得到了极好的效果，而且一目了然、过目不忘，也顺带解决了一般人不认识莜面村的"莜"的问题。我们把这个称为超级句式，它使品牌获得了以几何级数增长的广告效益。

I ♥ 莜
yóu

西贝
莜面村

西贝莜面村通过"I ♥ 莜"的符号,把西贝的文化母体从西北乡村,改为嫁接纽约的时尚文化。

西贝寄生爱的文化，并不断强化爱的文化，在2月14日情人节举办"西贝亲嘴打折节"这一具有仪式感、戏剧性、话题性的现象级活动。

超级句式和我们平时的表达方式有关系。中国长期以来有绝句，有五律，有七律，这就使得五个字、七个字连在一起的两句话，能很容易地形成一种超级句式。对联形成了一种超级句式，歇后语形成了一种超级句式，顺口溜也形成了一种形式的超级句式，乃至于到现在的流行话，也形成了一定的超级句式。

值得一说的是，文案的基本功不是文学，而是顺口溜。当我们要去传达一个购买理由的时候，我们首先要找到一个超级词语，一个来自文化母体的超级词语，然后去寻找超级句式，围绕着超级词语使用超级句式，将我们的价值表达出来。

补充一句，押韵有天然的打动人的力量。

购买理由必须表达品种价值

谈到购买理由的时候，我们还会经常犯一个错误，这个常见误区就是把购买理由建立在了品类价值之上。

比如说，我们要卖一个包子，不能说这是一个肉包子，它的购买理由不是肉包子，肉包子是它的品类价值。因为当我们跟别人竞争的时候，我们是在品类当中进行竞争的，旁边也有人在卖肉包子。甚至我们也不能说，我们卖的肉包子好吃，因为好吃是无法确切定义的，味道是众口难调的。

那我们可以说什么呢？我们可以说我们卖的包子肥肉和瘦肉比是4：6，于是，它的购买理由是肥肉和瘦肉比为4：6。这个时候就变成一个品种价值了，而且它会让购买者自己得出一个结论，这个包子一定非常好吃。当然，我们也可以说我们卖的包子只用里脊肉做馅，购买者也会得出一个结论，我们卖的包子非常好吃。我们还可以说我们卖的包子的购买理由是绝不用冷冻肉，只用新鲜肉。购买者也会得出一个结论，我们卖的包子非常好吃。这是我们的品种价值。

购买理由要表达出品种价值，而不能建立在品类价值上面。

此外，还有一个常见误区：找到购买理由之后，我们妄图用购买理由说服消费者。

其实，我们并不需要说服消费者，我们之前说到，购买理由被表达出来后，它会唤醒母体执行人的母体活动，购买者的所有注意力，都会凝聚在购买理由这一个点上。这个时候我们并不是要去说服他，虽然他是希望考察我们的购买理由是否成立，但是我们要知道，这个时候我们只需要罗列证据来打动他，让他相信这个购买理由成立。

比方说，我们要卖一个感冒药，消费者在购买感冒药之前，他非常希望知道，这个感冒药的疗效好不好，治感冒快不快。我们有没有办法向他证明，我们卖的感冒药疗效是好的？没有。我们永远没有办法在他吃这个药之前向他证明，这个感冒药效果好不好。

如果说我们的购买理由是"某某感冒药收鼻涕快"，"收鼻涕"这三个字就是母体的超级词语。货架前站着的人，一边吸鼻涕，一边在想买什么感冒药。这时，他看到了这款感冒药，并注意到了"收鼻涕快"，一下就被吸引住了。这是我们作出的承诺，是我们购买的理由。

那么我们怎么证明呢？因为旁边可能就有一盒感

冒药写着"收鼻涕也不慢"，我们如何证明我们的快呢？我们没有办法证明，但是就像之前所讲，购买理由是一种打动机制，这个打动机制在于购买理由呈现出来的语感，在于我们罗列的证据。

证据不是用来说服购买者的，证据是用来罗列并产生打动人的效果的。

我们很可能在包装盒上写着收鼻涕的感冒药的成分，并在这些成分旁边都写着有收鼻涕的作用时，虽然购买者并不知道这些成分到底是什么，但如果我们罗列了五种成分，其中有三种是收鼻涕的，另外两种成分可能是清热的、消炎的，那么购买者便会认为，我们这款感冒药主要是用来收鼻涕的，而且收鼻涕就是快。这就是一种打动机制。

更进一步，如果收鼻涕的成分文字量更多，"收鼻涕"这三个字字体更大，颜色更醒目，背后再垫上浓烈的红色作为底色，购买者就会觉得效果更强。永远记住，我们不是要说服消费者，而是要打动消费者。放大字体、加底色等，这些全部是在潜意识层面上、在感性层面上做工作，但实际操作时是理性的，只不过体现为感性的呈现方式。

产品就是购买理由

一个产品就是购买理由本身，就是购买理由这样一句话的体现，产品就是这句话的一个实物体现。而我们卖的就是这句话，消费者体验到的也是这句话，只不过他是通过体验实物的形式来体验这句话的。

我们要记住产品就是购买理由，产品是唤醒母体活动的道具，唤醒的方式是通过超级词语，消费者购买的不是产品，而是购买理由。消费者可以通过小药片的形式体验到收鼻涕就是快的效果。

再比如，当消费者买一个手机的时候，他买的不是那堆零件，不是那个屏幕，因为他根本看不见那堆零件。他购买的是购买理由，这个购买理由可能是说，上网速度特别快，或者拍照3000万像素，或者15分钟充满电。

消费者是不深究购买理由背后的东西的，他只需要购买理由。

产品研发是为了满足购买理由，这是技术部门的事情，技术部门一定能满足这个购买理由。

消费者购买的是这个购买理由，当这个购买理由得到验证的时候，消费者就会认同这个手机品牌，以后就会继续购买这个品牌。但当他发现购买理由是15分钟充满电，结果1个小时都没有充满电，那么他就再也不会用这个品牌的手机，即使这个品牌手机的相机有3000万像素。因为消费者买的是15分钟充满电，而非3000万像素。

因此，产品是为满足购买理由而存在的。

当我们向购买者介绍一个产品的时候，我们跟他介绍的就是购买理由。而当消费者发现产品与购买理由不相符的时候，产品就没有了生命。

购买理由会不断演化

同时，购买理由也是不断演化的，寻找购买理由要研究产品的演化和竞争对手。一旦购买理由打动了购买者，他就会变成单细胞生物，他所有的注意力都会凝聚在这个购买理由上。所以购买理由一定是单纯的，而不是复合的。

我们之前说文化母体在循环当中，在这个循环过程当中母体本身也在演化。2.2亿年前地球上的统治者是恐龙，随着母体的不断演化，恐龙提供给自然界的购买理由失效了。新物种提供了更好的购买理由，人类体积更小，消耗更少的能源，这就增加了它被自然界选择的机会。生物进化就是这样的过程，谁提供给自然界购买理由，能够满足自然界的不断演化，谁就能留下来。有一些物种的购买理由非常强大，所以它们的生命能延续1亿年。

商品也是一样，它的购买理由能够持续满足文化母体要求，这个商品就可以持续畅销，这个品类就可以一直活下去。月饼完美地满足了中秋节这个文化母体，所以月饼的品类一直坚强地生存了下来，但这个品类内部，依然在不停地演变。当这个母体当中产生了新行为的时候，这个母体当中就产生了新仪式。

比方说，随着时代的发展，月饼不仅满足一家人团圆分食仪式的需求，又产生了中秋节送礼的需求，这个产品就开始演变。当一家人团圆需要月饼的时候，这月饼是用薄薄的纸包起来的；当很多人买月饼送领导、送亲戚朋友的时候，月饼就发生了迭代演化，原有的薄薄一张纸的包装就变成了精美的大纸盒。产品开始演进，不只是五仁莲蓉了，连鱼翅鲍鱼都钻进去了。新的购买理由出现：这是非常体面的礼品，这是高贵的礼品。在新的购买理由的支持下，月饼盒变得越来越贵重，但到最终拆开所有的盒子，月饼还在发挥它最原始的功能，就是用于一家人分食。因此，我们讲购买理由是在不断演化的，要研究产品的演化和竞争对手。

产品为包装服务

之前我们说产品就是购买理由，购买理由处于演化的过程当中，包装就是放大购买理由。这个时候我们要想，包装到底是怎么回事？包装这件事情，在人类的母体活动当中，有什么样的历史，发生了什么样的变化？

比如，假设我此刻身在古代，地上有一堆米，这些米是我长途跋涉去苏州的路上吃的，我怎么把这一堆米带走呢？东抓一把，西抓一把？这样是没有办法带走我的米的。这个时候我便需要布袋子，这就产生了包装。

能够让产品得以被运输，这是最原始的包装。换言之，包装的原始功能，是为了储存和运输产品，还不是为了销售。

后来，包装变得便于销售。一袋袋米放在米店，店家一袋袋卖，这是为了让产品不受到磨损，便于携带，便于运输，便于保存，这个时候包装是服务于产品的。但是后来家家户户卖大米，都是用一模一样的包装。早期的大米和酱油就都是这样卖的。早期的酱油包装是什么样的呢？在我们小时候，每家每户都有自己的酱油瓶，需要酱油的时候就去小卖部买。小卖部里的人拿着提勺（下面有底，上面没顶，一根竹筒），以提来计量，给消费者打酱油。你说要打三提，他就往漏斗里给你装进去满满的三提。而这个时候，包装是消费者自己提供的，此时的包装就是为了保存和运输。

再后来，商业愈加发达，手工作坊的酱油铺消失了，变成了酱油厂。酱油厂卖给消费者的就是以瓶为单位的酱油了，而酱油瓶上面也有了字，写着"酱油"，甚至还写着"厨邦酱油"。当包装上没有字和符号的时候，包装是为产品服务的；当包装上有了字和符号以后，包装和产品的关系就发生了逆转，变为产品为包装服务。

产品怎么为包装服务呢？因为这个时候更值钱、更重要、更有生命力的是包装上的字、包装上的符号。如果这个酱油的质量不好，损害的是包装上的字，真正的受害者是包装上的字；如果这个酱油的质量好，受益的就是包装上的字。因为产品为包装服务，这个时候为了让包装上的字变得有魅力，我们必须提高产品的质量，必须让这个酱油香，让这个酱油鲜，让这个酱油好吃，从而使得包装上的"厨邦"这两个字，变得更值钱，更有前途。

这里再强调一次，包装和产品的关系：产品为包装服务。

当我们向消费者建立"厨邦酱油是传统工艺酿造的，是鲜美的，是好吃的"印象时，我们要给它一个购买理由，这个购买理由，能够直接实现消费者对厨邦酱油美味的想象。于是，我们说"晒足180天，厨邦酱油美味鲜"。

厨邦酱油

厨邦酱油：有图有真相

"晒足180天"背后强大的母体是，人们喜欢的不是勾兑出来的酱油，而是传统工艺酿造的酱油，晒出来的酱油。这个"晒"字，就是这个母体的超级词语。当一个主妇看到酱油是晒出来的，母体就会被激活，想到小时候吃的传统工艺酿造的酱油的鲜美，就能被触动购买。而我们给出的证据是什么呢？我们给出的证据是晒场的照片，下面还有一句超级句式的表达："有图有真相"。我们的产品将会诚实地满足包装上的承诺，由此实现产品为包装服务，经由包装实现品牌资产的建设。

包装的本质就是放大购买理由

然后我们说包装就是放大购买理由,怎么放大? 到文化母体当中寻找符号,寻找有视觉冲击力的符号,占领这个符号。

我们说厨邦酱油天然鲜,从中提取的符号就是餐厅里常见的绿格子桌布。当我们用绿格子把这个包装裹满的时候,它在货架上便获得了最强的视觉冲击力,购买理由就得到了放大。而当购买一旦完成,消费者在厨房里面、在餐桌上体验到了,就会完成对购买理由的验证：这个酱油确实香，尝起来确实是晒出来的味道。我们要知道，1亿消费者里面，几乎没有一个人去晒场看过。消费者不会去晒场验证，而是在餐桌前验证。

这个时候我们再回过头来看，产品为包装服务：产品通过它的美味，建立了消费者对包装的信任，建立了消费者对包装的感情，这个时候这个包装就成为这家公司最重要的资产。

当厨邦把自己的品牌名字印在另外一个产品上的时候，它会立刻让另外一个产品和消费者之间产生感情，产生美好的联想。消费者会把由上一瓶酱油建立起来的情感，投入下一个产品，甚至投入接下来的几十个产品身上，对另外的几十个产品，都有美好的联想，这就是第一瓶酱油建立起来的强大的购买理由。通过绿格子，它放大了其他所有产品的购买理由。

当我们说，这是"一部关于西藏的百科全书式小说"的时候，只有14个字，小小一行摆在那里，我们怎

厨邦产品全家福

华与华为厨邦创意了餐桌布绿格子的品牌符号，并把它运用到厨邦所有产品包装和企业形象上，调动人们对餐桌布绿格子这一超级符号的集体潜意识，一下子就完成了厨邦品牌的识别、记忆和价值传达，并改变消费者的品牌偏好。

么放大它？如果把这一句话放大，书面就全是文字了。这个时候便要回到母体，寻找符号。最后，我们找到了彩条——藏族服饰当中最重要的彩条，把彩条加在这本书上，加强文化冲击力，这就使得这本书的购买理由得到了放大。

再以卖苹果汁为例。当苹果汁在一个塑料瓶里面的时候，人们看到的就是淡绿色的液体，没有人知道这里面是不是苹果汁，购买理由也没有办法传达出去。如果这个时候在苹果汁的包装上，放上一个大大的苹果，一句话也不用说，购买理由就传达出来了。当有一个大苹果在苹果汁的包装上的时候，就可以吸引那些喜欢喝苹果汁的人的注意，这是放大了购买理由。

紧接着，文案就是证明购买理由。请注意，我们这里证明的目标是打动而不是说服。这里更重要的是说，**文案是附生于购买理由的，当我们提出一个购买理由，每个字必须紧紧围绕这个购买理由。**

当消费者看到了购买理由，这个时刻，他们只关心这一件事情，那就是这个购买理由。所以文案的本质就是罗列证据，而且是快速罗列证据，快速罗列购买理由的证据。

因此，在《藏地密码》的文案中，由于我们的购买理由是"一部关于西藏的百科全书式小说"，所以文案里面根本没有讲这个故事，而是讲了背景：从公元838年，西藏灭佛开始，然后讲到了二战时期希特勒派人进藏，接着一句话带过，故事由此展开。

故事并不重要，现在看这个文案的人，他要了解这到底是不是一部关于西藏的百科全书式小说。文案就是迅速地罗列证据，来证明这个购买理由，证明的方式是打动而不是说服。

营销的本质就是传播购买理由

营销就是传播购买理由，这是营销的本质。我们不提倡追热点，也不提倡博点击率，而是要找到母体，回到母体，通过一句购买理由去激活消费者所携带的母体。

传播过程当中也是一样，所有的营销活动都围绕着文化母体、超级词语和购买理由而展开，因为购买理由触发购买，营销的目标就是触发购买。有购买理由的营销能够触发购买，没有购买理由的营销不能触发购买；我们经常看到满世界刷屏的营销推广最终以产品滞销收场，就是因为推广没有传播购买理由。而产品就是购买理由，产品的一生都是购买理由，在产品的整个生命周期里面，营销都是在传播购买理由。

当我们走在大街上，看到一栋建筑上面写着"汉庭酒店"时，它的购买理由是什么呢？如果它传播过，以前传播的或许就是经济型酒店，便宜的酒店。

但是我们改造了这个产品，把这个产品变成了"爱干净，住汉庭"。这六个字，是对购买理由的彻底改变，有了这六个字以后，这个产品就已经不再是汉庭酒店了，而是"爱干净，住汉庭"酒店。还是那栋楼，还是处在那个地方，还是那些人，还是那些床，但它已经不再是原来那个产品了。这是一个新的产品，叫"爱干净，住汉庭"，围绕这个新的购买理由，汉庭彻底革新并提升了酒店的服务体验。

营销就是传播购买理由，我们一切的传播，都围绕着"爱干净，住汉庭"这个购买理由。当我们建立了新

"爱干净，住汉庭"

上海虹桥机场附近汉庭七宝二店白天实景，
坐飞机也能看见"爱干净，住汉庭"

的购买理由之后，我们便树立了新的产品标准，这家企业的运转模式也会随之发生转变，它将致力于提供一个干净的产品，一个更干净的产品。

我们还会看到，"爱干净，住汉庭"是一句来自母体的购买理由，超级词语是"爱干净"。当一个人看到街上一排经济型酒店的时候，其中有一家说"爱干净"，这便马上会触发他的母体行为，他立刻就会觉得自己是一个爱干净的人，会住一家干净的酒店。

怎么放大"爱干净"这个购买理由呢？什么叫产品包装呢？一家酒店的包装应该是什么样的呢？一家酒店的包装，最重要的地方，就在楼顶的霓虹灯，所以"爱干净，住汉庭"这六个字在楼顶要放到足够大，字体要足够粗，灯光要足够亮，这就放大了这家酒店的购买理由。

因此，购买理由一旦发生改变，产品就一定会改变，因为产品就是购买理由。

当我们做一个产品包装的时候，我们首先要考虑，这个产品是通过什么手段、什么元素进行包装的。

一本书的包装元素有哪些？有封面，有腰封，有前勒口，有后勒口，有书脊。一个酒店的包装元素有哪些？楼体是它的包装，楼顶广告牌也是它的包装。我们应该如何使用这些包装元素来放大这个产品的购买理由，这是包装需要思考的所有问题。

同时，包装还是最大的媒体。**一个商品最大的媒体就是包装。**一个好的包装设计，顶过在中央电视台打10个亿的广告，因为每一个包装都是最精确地直达它的购买者，它的到达率是100%。抓住这些包装的媒体属性，去放大它的购买理由，事实上可以最大范围地激活母体活动，也能最深刻地回到母体，把产品和品牌植入母体当中，最终成为母体的一部分。如果"爱干净，住汉庭"这六个字不是最大限度地放大竖在楼顶，这个产品的购买理由就得不到最大限度的传播，因为消费者是通过购买理由开始与产品沟通的。

包装是购买理由的载体

包装和产品的关系，我们再讲一个非常古老的故事，叫作"买椟还珠"。

为什么会有买椟还珠这样的故事？消费者买的这个"椟"就是包装，里面的"珠"按说很值钱了，可为什么要还"珠"呢？因为购买理由在包装上，更值钱的是包装，而包装所包裹的东西，也就是里面的产品，是可以演化更替的。

我们之前提到，产品是为包装服务的，当包装建立起了它的购买理由和价值之后，里面的产品是可以不断演化的。

比如，今天的福特汽车，制造的已经不是T型车了，变成了电动车，但是包装和LOGO还在，依然传达购买理由：可靠而便宜的汽车。它的名称还在，购买理由还在，品牌系统还在，构成产品的所有要素却都已经更换了。

再举一个例子，如果可口可乐不是装在红色罐子里，不是装在S形的瓶子里，还会有人买吗？可口可乐公司曾说，哪怕一夜之间烧掉它全世界的工厂，第二天它还可以原地复活，并且依然是一个伟大的品牌。这句话是对的。

但另一方面，如果说不允许它使用红色的罐子和S形瓶，哪怕工厂还在，这家公司也会顷刻间倒闭。即使它继续生产褐色的甜水，但失去了包装的它便无法生存。因为包装是购买理由的载体，没有这个载体，就无

法传达购买理由，商品就无法被销售。这就是包装的重要性。

我们之前讲产品就是购买理由，包装就是放大购买理由，营销就是传播购买理由，文案就是证明购买理由。而购买理由是来自文化母体的，文化母体为购买理由提供源源不断的能量和生命力。

当我们在研发一个产品或者推广一个品牌的时候，我们要知道我们所有的工作，是围绕购买理由而展开的，一切都是为购买理由服务的，而且我们要确定购买理由一定是来自文化母体的。从第一步开始，找到文化母体，并做到准确地描述文化母体，找出文化母体的超级词语，找出文化母体的传统文化符号。

在品牌寄生、文化母体环节里面完成这些工作之后，根据相应的工作成果，再去研究购买理由，找到购买理由，围绕购买理由进行第二步工作——改造符号。通过超级词语、超级句式表述购买理由，通过找到传统符号、文化符号、自然符号，并改造这些符号，使其满足购买理由，表达购买理由。

一切的营销、广告、推广，都是围绕购买理由展开的，这样我们的一切行为才能够在各个不同的场合，唤醒文化母体。而这个母体执行人一旦苏醒，就会参与到我们设定的母体行为当中来，他参与的方式就是购买、体验、传播。

我们还要考虑到，购买理由是由超级句式表达的，是包含了母体超级词语的，所以这句话，这个购买理由，在体验者的口中，也能够达到脱口而出的效果。就是我们说的，**为消费者设计一句话，让他去传播，这句话就是购买理由。**

当一个主妇说"厨邦酱油确实好，是晒足180天的"的时候，因为这句话是母体当中出来的话，因为这句话是超级句式，就可以一目了然、过目不忘、脱口而出，这个酱油就被推广出去了。

第三部分

超级符号

产品是流水的，符号是永恒的

接下来是第三个词：超级符号。前面讲文化母体、购买理由，现在我们来讲符号。

不管是文化母体也好，符号也好，都是我们生活当中真实存在的，而且是我们每天的工作、生活中不可或缺的一部分，是核心的那一部分，为我们的工作、生活发出指令的那一部分。我们的每一个行为，都要符合符号的指令。

还是以上面举的开会为例，说说与会者醒过来，从家里出发，来到这个会议室的过程。开会前一天，为了第二天不迟到，每个人睡觉前都定了闹钟，闹钟7点钟响，闹钟响的这个声音就是一个声音符号。当这个闹钟在7点钟响起的时候，这个符号就携带着意义进入了你的大脑——**符号永远携带意义**。意义是什么呢？闹钟一响，你听到这个声音，你就会受到这个符号的刺激，你脑袋里面就会出现一个句子：该起床了，再不起床就要迟到了。

符号携带意义，在不同的环境里面，同一个符号携带的意义也会发生变化。这个环境不仅包括卧室这一空间环境，也包括7点钟这一时间环境。7点钟你没起床，又睡了一会儿，因为你知道还有第二个闹钟。第二个闹钟15分钟后响起来，这个时候它的意义已经变化了，它所传达的意思是：再不起来就没有时间吃早餐了。你想反正开会也是坐着听，不吃早餐也行。于是，等到7点30分，闹铃又响了，符号没有变化，但是意义又发生了变化：再不起来不仅没早餐吃，脸都没时间洗了。当7点45分闹钟再次响起的时候，它所传递的意义又变化了：不仅吃不成早餐了，脸也没法洗了，还得撒腿狂奔。这就是同样的符号——闹钟的铃声——在不同的环境里所携带的意义的变化。

谈到闹钟，我们现在床头还有闹钟吗？没有，只有一个手机。原来那个闹钟已经不见了。原来是确确实实有一个钟在那个地方，钟上面有两个铜铃，铜铃之间有铜锤，时间一到铜锤就来回打，把闹钟打得丁零零地响。闹钟的实物已经消失了，但是闹钟的符号留了下来，进入了我们的手机里，这就是我们经常说的：**产品是流水的，符号是永恒的**。闹钟会消失，但是闹钟的符号钻进了我们的手机。

我们手机里还钻进了什么？墙上的挂历也消失了，轻轻点一下手机屏幕上挂历的符号就会弹出一个日历；办公桌上的计算器消失了，打开手机里的计算器就可以用了；相机也消失了，手机里有一个相机的符号，点一下就可以拍照；座机也消失了，手机里那个电话的符号，轻轻一按就可以打电话；到邮局投递的信也消失了，手机上有信封一点就能发信……产品会消失、会演化，符号的生命却很长久，会一直留下来。

占据文化母体的关键是占据符号

之前讲词语和仪式是符号的一部分。**符号是文化母体呈现的主要形式，词语和仪式是辅助形式。**当我们找到一个文化母体的时候，首先映入眼帘的应该是符号系统。

比如，当我们说到春节的时候，我们脑海里首先出现的是诸如对联、门神、鞭炮等一大套符号；我们能想起来的是要进行大扫除、要去拜年、要包饺子等一大堆仪式；我们脱口而出的是新年好、恭喜发财红包拿来等一大堆词语。

微信红包一夜爆红，我们来看看它是如何做到的。首先它叫作红包，占领了词语；然后它占住了红包符号，把它的产品用红包包起来，这样就占住了一个春节发红包的仪式。而一切都是在春节前后触发的，因为母体一定要在这个时间节点上才是最强大、最活跃的，所以一夜之间，全国上下到处都在发红包。

这个产品的本质是什么？它的本质就是把微信账号和银行账户关联起来。这个产品的内在结构，使我们的微信可以用来实现支付、完成购买。但如果是销售这样一个产品，是销售不掉的。支付宝用了多少年才获得那些客户，才获得那么多注册用户！而微信只用了几天，因为它找到了一个母体，通过符号和仪式占据了母体，而消费者看到这个符号的时候，就立刻被唤醒，知道可以通过这个东西来发红包，这就激活了他的母体行为。然后他参与进来，开始使用这个产品来发红包，这几乎是免费的推广。

正如之前讲到的，母体当中蕴藏着巨大的购买潜力。微信红包通过符号和仪式占领的活动，已经迅速地成为今天这个国家的发红包母体的新仪式，所以这个产品是极其成功的。

之前讲的春晚成为春节的一个新仪式，和现在讲到的微信发红包成了发红包的一个新仪式——后者通过微信发红包，它把发红包这件事情、这个母体变得更加壮大了。以前只有逢年过节才发红包，现在日常也可以发红包，甚至天天都在发红包，发红包的母体呈几何级数地壮大了。

从母体中来，到母体中去，成为母体的一部分，壮大母体，这个是微信红包的崛起过程。其核心就在于它的表达形式是通过红包，而不是通过黑包，也不是通过白包，它必须是红色的；形状也得是长方形的。之所以做这些，就是为了能够进入母体。

所谓文明，就是为人类各种各样的欲望、情绪、需求、文化活动等，创造各种各样的符号的过程。

再来说尼罗河两岸的努尔人。一方面，他们整个社会生活，随着尼罗河的泛滥与退去而发生律动；另一方面，努尔人是游牧民族，他们主要畜养的动物是牛，牛是他们家庭、部落的主要财产，也是他们主要的生活来源。生活无不与牛相关：喝牛奶，吃牛肉，烧牛粪，甚至洗澡都是用牛粪灰在身上搓。一个家庭的经济状况取决于他们所拥有的牛的数量。牛的健康、牛的繁衍是他们生活的重心。你若是跟努尔人聊天，五分钟之后就会发现，他们就是在聊牛，不管从任何一个话题开始，最终都会回到牛的身上来。

关于牛的词语群，是努尔人生活当中最大的一个词语群。牛的大小、牛的公母、一头大牛、一头小牛、一头母牛、一头公牛等，这些是我们都会说的。但是，努尔人还有各种各样的关于牛的词语，比如"斑纹"一词就可以延伸出褐色的牛的斑纹、白色的牛的斑纹、褐色的牛有白色的斑纹、长在前胸的斑纹、长在屁股上的斑纹等一系列专门的词。不同位置的斑纹对应专门的词语，不同形状的斑纹也对应专门的词语。总之，他们有各种各样的专门的词来表达各种各样的意义，虽然这个意义完全是人为臆想附加上去的。

这样，我们就能看到牛作为一个原型，衍生出努尔人生活中无限细分的符号网。当努尔人进入无限细分的符号中之后，因为每个男人有不同的牛，他的名字就是根据牛的名字来取的，比如这头牛叫张三，那么他父母便根据这头牛给他命名为张三。他叫张三，牛也叫张三。小伙子们在一起玩的时候，讨论的也是牛怎么样。

为什么要讲这个故事呢？我们会看到，牛对努尔人来说，本源上就是牛奶和牛肉，但是又衍生出这么多的词语和符号，丰富了他们的精神生活。本源上我们只需要吃饱穿暖，但是吃饱穿暖当中就衍生出了饮食文化和服饰文化——人类最重要的两个文化。于是，基于"吃饱"，就迅速有了这个东西好吃，那个东西不好吃；吃这个东西显得高级，吃那个东西低端；吃这个东西证明你有身份地位，吃那个东西证明你平易近人。基于"穿暖"，就迅速有了穿这件衣服意味着你高档、有品位、有教养、有知识，穿那件衣服意味着你低级、没品位、没教养、没知识。穿着差别暗示你在社会当中扮演角色的不同。从最基本的需求里面，迅速地符号化就延伸出我们的文化母体。

符号就是通过这样一种方式构建文化母体的。我们一出生便无缝平滑地进入这个母体当中，乃至我们忘了我们为什么要吃包子，为什么要穿衣服，为什么要打领带，我们已经不再思考这些问题了，符号很顺利地接管了我们所有的一切。

当我们跟台北小伙子聊天时，我们会发现，他们会像努尔人熟悉牛一样熟悉摩托车。台湾人管摩托车叫机车，他们会熟悉机车上的每一块地方，发动机和坐垫，哈雷摩托上面的流苏，不同的马达、不同的轮子配不同的流苏，机车上面铆着的铆钉，所有这一切，他们都如数家珍。他们进入那个文化母体当中，就活在那个文化母体里面，他们是骑摩托的努尔人；还有看英超的努尔人，穿普拉达的努尔人……。

符号赋予商品生命

传统的符号分成两种，一种是自然符号，一种是文化符号。

我们经常讲苹果是自然符号，奶牛的斑纹是自然符号。当我们在一个装液体的瓶子上放一个苹果的符号，消费者就知道这是一瓶苹果汁；当我们在纸盒上印上奶牛黑白斑纹的时候，消费者就知道这是一盒牛奶。当我们在一个盒子上印上蜜蜂的黄黑斑纹的时候，消费者或许就知道这是一盒蜂蜜，不过很可能拿不准，因为这个符号不明确。但是，当我们在盒子上印上蜂巢纹路的时候，消费者就会明白这里面是一盒蜂蜜。符号揭示了产品的价值，消费者即使看不见盒子里面的东西，也知道那是什么产品。

这是自然符号，**自然符号是全世界通用的。**中国人看到的牛奶、美国人看到的牛奶和新西兰人看到的牛奶是同一个符号，同一个意思。

自然界中本来没有文化符号，文化符号是人为创造的。

我们的手机上有一个锁头，上面有一个锁圈，当我们一滑动那个锁圈，手机就开了。但是我们手机上本来有锁吗？没有。和照相机、计算机、电话一样，我们的手机上只有符号，这个符号来自生活当中的一个实物，一个全世界人都熟悉的实物，这个实物是人为创造的，并变化成了手机上的符号。

我们经常看到的金元宝也是一个符号。当我们看到这个符号的时候，它就传达出了意义，它传达出的是财富、恭喜发财、赚大钱的意思，它传达、携带的是开心、快乐的情绪。假设一个美国人看到这个符号的时候，他会一头雾水，因为在他的文化里面没有这个符号。

因此，**文化符号是有隔阂的**。你若处在这个文化系统里面就会认识它，你若不在这个文化系统里面就不认识它。

符号主要就分为自然符号和文化符号这两种，不过也有这两者的结合。

不管是自然符号还是文化符号，它们都是长期存在于文化当中的，所以即便是自然符号，它也会有浓厚的文化含义。我们看到一个装液体的瓶子上印有苹果符号的时候，我们不仅仅说它是一瓶苹果汁，它还包含着快乐健康的情绪在里面。

同时，文化会不断地赋予符号新的意义。当我们看到盒子上印着奶牛的黑白斑纹符号的时候，我们不仅仅知道这个盒子里面是牛奶，我们还知道它补钙；我们还知道印着这个符号的盒子里面的东西加热了之后喝，有促进睡眠的作用。这些都是符号后来被附加的意义，通过这些我们也可以继续开发产品。

符号用于快速沟通，传达价值

符号首先用来快速沟通，传达价值。

符号往往具备天然的视觉冲击力。比如我们读客的黑白格子，我们选择它，最重要的是因为它有视觉冲击力，它能够在极小的应用的情况下被看见，还能传达我们注入其中的含义。

我们再来看一瓶苹果汁的例子。我们要设计包装，希望这瓶苹果汁能够在货架上，尽快被喜欢喝苹果汁的消费者看见。当然，不喜欢喝苹果汁的，我们也希望他尽快看见，看见之后赶紧让开。于是，我们思考在这个瓶子上的包装。首先要在这瓶子上找到能够放符号的最佳位置，肯定不是瓶底，因为放在瓶底没人看得见。那么应该在瓶身的下半部，还是瓶身的上半部，还是瓶盖上？我们找到的位置在手握住瓶身的上方，也就是瓶子的上部三分之一处，这样我们就确定了这个地方作为放符号的最佳位置。于是我们进行建模，让瓶子的这个位置，可以舒舒服服地放苹果符号。

我们做包装的时候还要继续思考，我们希望这个苹果尽量地大，这样消费者远远地就能清晰地看到它。当我们在一个瓶子的包装上看到一个苹果的时候，它所传达出来的是：这是一瓶苹果汁。这个时候我们还要继续推进，当我们把这个苹果做得鲜艳欲滴、新鲜无比的时候，我们传达的是：这是一瓶新鲜的苹果汁。当这个苹果符号的颜色显得均匀、红彤彤的，看起来就非常好吃的时候，我们传达的是：这是一瓶好喝的苹果汁。

当我们把所有这些工作做完了，把苹果汁放到货架上去时，竞争对手看见我们的产品，可能会想：这家伙干得不错，跟我干的一模一样。这样一来，我们所努力而来的竞争优势，由于跟竞争对手一模一样反而被削弱了。

这个时候我们就会知道，我们不能仅仅使用传统符号这一个手段，还要精心调整图片，对它进行改造，以至于我们改造的程度就是，**将传统符号改造成为我们的注册商标，实现保护，形成我们的资产。这就是从符号到超级符号的过程。**超级符号是私有财产，超级符号是通过对传统符号的改造，使之成为注册商标，成为私有化财产，通过占有它，让竞争对手无法使用。

超级符号是一个知识产权

当我们讲超级符号的时候，必须明确的是：超级符号是改造后的传统符号，超级符号是一个知识产权。

如何对传统符号进行改造使其变成超级符号呢？比如说，在苹果上加一双眼睛，把苹果改造成为一个苹果人，这样就实现了改造。大家有没有见到过这样的形象？经常见到这样的形象对不对？这是一个套路式的改造方法，但是还有更高超的改造方法。我们的改造除了加眼睛之外，还要依据我们的购买理由来进行。这个传统符号，经过我们依据购买理由进行改造之后成为的超级符号，已经传达出了和原来苹果汁不一样的价值，有着高于原来苹果汁的价值。

比方说，我们把苹果和地球叠加起来，把地图印在苹果上，在上面标上一个红点，示意北纬30度——最好的苹果产区出来的苹果。这个时候，我们这瓶苹果汁虽然依然是苹果汁，却成为更加好喝的苹果汁了。这个改造是可以注册的，这个是竞争对手无法跟进的。

乔布斯对苹果进行了独一无二的改造，使之成为可以注册的苹果。通过这简单的啃一口，使其成为独特的商标，然后它成为科技与艺术的象征，成为高品质的象征。

对传统符号的改造是依据购买理由来进行的。我们的购买理由是：这是没有打过农药的苹果。我们尝试对苹果进行改造：一只虫子从苹果里钻出来。这是不是说明这个苹果没有打过农药？一只得意洋洋的虫子从苹果里钻出来，就是没打过农药。有人可能会说很恶心，那我们就把虫子画得可爱些，这样就没有问题了。消费者肯定会买我们的苹果汁。虽然他买的是没有虫子的苹果汁，而不是有虫子的苹果，但我们产品的独特价值是没有打过农药，因此他会非常放心地买我们的苹果汁。这个对苹果的改造就是可以注册的，它已经传达了购买理由，传达了价值。

超级符号是可注册、可识别、可描述的

符号系统是不会消失的。当我们创办读客图书这家公司的时候，我们就在想，我们要有一个LOGO。每家公司都有一个LOGO，我们拿LOGO和消费者沟通，沟通是传达我们的价值，我们有什么价值？用什么符号传达我们的价值？当消费者喜欢上我们这个品牌的时候，凭什么来记住我们？

很多人问，你们为什么要用熊猫做LOGO？为什么有熊猫的书是你们家的，熊猫又不是你们家的熊猫，别

家也用熊猫怎么办？我们希望成为中文出版第一品牌，成为中国人最喜欢的出版品牌，在中国，对中国的热爱这个文化母体里面有一些什么样的符号可供我们改造呢？

龙改得了，但很难改。很容易地，我们便找到了熊猫，因为熊猫人见人爱；对全世界来说，熊猫也能代表中国，而且是黑白色的，印刷起来也比较便宜。

但是仅仅放一只熊猫可以吗？不行。放一只熊猫仅仅是找到了一个传统符号，还要对它进行改造，来表达它是一只卖书的熊猫。产品的品类是书，我们要表达的是"我们是只卖书的熊猫"，所以我们在它胸前塞了一本书，它捧着一本书，就是做出版的熊猫，就是一个独一无二的熊猫，就是一个私有化的熊猫，这是一个LOGO。

这10年历史里面"熊猫"还在不停地进化，因为我们的事业领域在不停地变化。当我们不只是卖书还卖电影的时候，我们让它捧个书卖电影就显得不太合适。但是去掉书之后，它就不再是独有的读客的熊猫，只是长得像读客的熊猫，无法用一句话来描述。于是，我们继续改造它，给它戴上了注册商标，戴上格子领带，戴上格子领带以后就是独一无二的熊猫，它丢掉书仍然是独特的熊猫，依然叫熊猫君。接下来我们便注册了"熊猫君"这个强大的独特的超级词语。

读客LOGO

"书单来了"超级符号——书单狗

然后我们希望这个LOGO有戏剧性，希望熊猫君跟公司其他的LOGO联系起来，让它有故事，所以我们让书单狗咬他耳朵一口。这样一来，即便不戴领带，只出现一个头，缺了半只耳的熊猫仍然是超级符号，是独特的，是可注册的、可识别的、可描述的。

可注册、可识别、可描述，这是超级符号的特征。

超级符号能实现品牌赋能，壮大品牌

从第一天熊猫君的超级符号印在《藏地密码》这部书上，到今天已经有无数图书印上了这个LOGO，未来会有更多的书印上这个LOGO。而在我们公司自己内部的排行榜上，10年前排在前10名的书，与今天排在前10名的书，没有一本是重合的。

产品是流水的兵，符号是铁打的营盘。产品不断迭代，产品有它的周期，符号则带领着越来越多的产品不断壮大。

因此，之前我们说到产品是为包装服务的，产品是实现并扩大品牌影响力的工具。我们的一切工作，都是要让我们的品牌越来越强大，而品牌的日渐强大，又会反过来支持产品，使其销售得更好。在这个过程当中，产品总是起起伏伏，品牌总是一路高歌，这个就是良性、优秀的企业所展现出来的市场活力。

从《藏地密码》到今天，几百上千种图书，建立起了一个恒定的熊猫君LOGO的价值，这个价值就是又好看，又有知识。也就是，既要有阅读乐趣，又要有阅读价值。这个价值是由前面几百种书建立起来的，而这几百种书建立起来的价值，是完全由熊猫君承载的。当一本没有任何人认识的新书印上这个LOGO的时候，认识这个LOGO的人，马上就能领略到，这是又好看又有价值的高品质图书。

符号携带着恒定的价值到了新的产品身上，这就是品牌赋能。符号对产品的赋能是由产品建立起来、积累起来的，所谓产品为符号服务，就是产品永远不能让符号的价值落空。当我们的符号建立起了又好看又有阅读价值的购买理由的时候，我们的产品要永恒地满足这个理由。一次落空，符号的魅力就会衰减；两次落空，符号就没有魅力了。

超级符号是工作的起点和终点

改造传统符号使之私有化，成为超级符号。超级符号是工作的起点，也是终点。

之前我们经常讲，我们工作的起手式是寻找符号。现在我们认为，我们工作的起手式是寻找文化母体、描述文化母体、依据文化母体和产品的关系得出购买理由，在文化母体的符号系统当中寻找传统符号，再根据购买理由，对传统符号进行改造，这就得到了超级符号。超级符号就是我们做这一切的起点和终点。

当我们规划和开发一个产品的时候，首先指向我们的产品将建立起一个什么样的超级符号。如果我们的这个产品无法建立超级符号，那么我们踏上的就是一条没有终点的道路，没有方向的道路。当我们的产品研发成果汇集聚于一个超级符号的时候，我们走的就是一条目标清晰的、有方向的道路，这个产品所引发的未来所有的生命，都是以超级符号为起点，以超级符号为终点，不断强化超级符号的能量的这样一条道路。

一切产品的价值，**一切产品的任何价值都是可以通过超级符号来表达的**。任何产品的研发都是以超级符号为目的来做的。人类的一切欲望都是可以通过超级符号来表达的。

如果你做的这个品牌、你开发的产品，最终不能建立超级符号，一切工作都将是无用功，都将是竹篮打水——看着篮子装满水，提起来却一滴都没有。因为产品是流水的兵，符号是铁打的营盘，没有营盘，光有兵有什么用？没有用。

现在厨邦在经营一个什么样的营盘？它可以有源源不断的产品进来，贴上这个牌子就可以大卖。如果几年前没有建立这个符号，今天卖瓶酱油，后天卖瓶醋，大后天卖鸡精，它会有什么积累呢？没有什么积累。

什么叫作积累？什么是品牌资产的积累？就是超级符号的壮大。如果没有超级符号，谈何壮大？谈何积累？那就是猴子掰玉米，掰一个丢一个。超级符号是一个无比大的容器，永远都丢不了，永远在。

唯一重要的问题：超级符号是什么

一个品牌，一个产品，我们在思考它的时候，要想的是：超级符号是什么？这是一个终极问题。

一方面，我们说超级符号的特征是可识别、可描述、可注册；另一方面，它是一个选择行为。超级符号首先是选择，我们要选择什么样的传统符号进行改造。在选择传统符号的时候，我们是在所在的文化母体当中去选，带着我们的货架思维，带着我们的常识，带着我们的购买理由，到传统符号当中去，从传统符号当中选择一个符号出来加以改造。

怎么选呢？因为我们需要通过它来提高沟通效率，所以我们选择的前提是它具有极强的视觉冲击力，它要能一眼被识别，它要人人皆知。最终被创造出来的超级符号一定不是石破天惊的东西，一定不是张牙舞爪的东西，而是人们习以为常的东西，是其貌不扬的东西。因为我们要卖给所有人，最常见、最不出奇的东西，才是人人都能一看就明白的。既要有极强的视觉冲击力，又要一目了然，最重要的就是要有自明性，往那儿一放，不需要解释，人人都明白，靠常识就能理解。

思考符号的自明性，是非常谨慎的事情。首先要排除自己的语境，要能够从一个毫无关系的购买者的角度去思考这个问题，要知道我们选择的这个符号是不是来自那个文化母体，能不能表达文化母体，能不能对上暗号。如果一个人从来没有见过黑白花奶牛，那我们的黑白斑纹对他来说是不具自明性的。而黑白斑纹之所以现在最大限度地具有自明性，原因是电视的出现，电视让很多没有去过牧场的人，都见识到了黑白花奶牛。所以，我们选择的符号，能不能让我们设定的母体执行人，和我们得出同样的结论，准确地得出我们所输出的信息，这是非常重要的，也是非常危险的一件事情。

如何改造超级符号，第一件事情是如何选择传统符号。

当我们选择了一个传统符号，就意味着我们选择了一个文化母体，我们找到了激活母体的办法。当我们选择了西藏的彩色条纹的时候，意味着我们是通过这个符号激活一个人对西藏的兴趣。

超级符号传达恒定的价值

我们接着讲一下超级符号与品牌寄生、购买理由的关系。超级符号是对购买理由的放大，它来源于文化母体，是和购买理由一起实现品牌寄生的。超级符号是对一个恒定价值的承诺。

恒定的价值就是在符号建立起来之后，不停地、不断地往其中灌注的一种价值。一开始我们说西贝莜面村"I LOVE YOU"，我们把"I LOVE YOU"作为传统符号进行改造，变成西贝的超级符号，从母体里面带来的是浓厚的感情，是西贝老板贾国龙经常说的，从母体当中激起了这个爱。贾总在经营中一直非常强调对员工的爱，对消费者的爱。经营活动不断为这个符号输入稳定的价值，这个稳定的价值是"闭着眼睛点，道道都好吃"。稳定的价值不断输入、不断强大、不断被消费者所接受的时候，当消费者走进这家餐厅，他不仅从情感上感受到这家餐厅的友爱，而且对菜肴也有稳定的预期，每一道都不错。稳定的预期是由以前所有的产品、所有的体验所建立和维持的，由这个符号所承载、所表达的，见到这个符号的时候，情感和价值就会被唤醒，包括"亲个嘴，打个折"，依然在强化这个符号的情感，把这情感纽带结合得更强。

这个时候我们来看之前所讲的符号是永恒的。这么多年以来，西贝这家餐厅，他们的菜单换了无数次了，他们的菜换了无数次了，而每道菜研发的目的，都是符合"闭着眼睛点，道道都好吃"的。产品如流水的兵，但是符号的营盘一动不动，而且它具有恒定的价值，不管这个产品怎么变，它的味道始终如一，恒定在这个水准；它的风格恒定在这个范围，西北的风味；它的原材料恒定在这几类，牛羊肉。这些是恒定的，产品是变化多端的，价值和符号是不会改变的。

再举一个常用的例子，你是不愿意打开一瓶绿色的可口可乐喝的。因为符号改变了，你不再信任它。同样地，你也不愿意打开红色的可口可乐之后，喝到比上次更加好喝的可乐。当你打开的这瓶可乐比上次更好喝的时候，你依然会一口喷掉，因为符号不再提供恒定的价值。如果今年的可乐比去年的好喝，明年的可乐比今年的好喝，那么这家公司不到三年一定倒闭。因为，这样的话消费者的预期会混乱，最终乱到可口可乐也无法满足。

符号代表着恒定的价值。所以，作为产品的研发人员、开发商、销售商，我们只有保证产品价值的恒定性，才能够使符号具有越来越高的价值。

　　作为读客文化来讲，熊猫君和黑白格子代表的恒定价值是：又好看又有价值的读物。所以我们在版权端，在产品研发初期，我们会首先排除没有阅读快感的书。读起来很累的书，有可能是好书，但是不符合我们品牌恒定的价值，我们就不会把它装到这个品牌里面来；或者说读起来非常爽的书，但是读完之后一无所获，并不增长个人任何知识，并不能给个人精神上带来提升和愉悦，我们也不会去卖它。因为这个产品是不符合品牌恒定价值的东西，会对品牌有伤害，会破坏消费者对我们产品下一次的预期。预期恒定，产品才能够持续达成购买。

超级符号是绝对意志力

品牌、超级符号带来的是什么？会带来购买的复制和购买的重复。只要有超级符号，就会实现购买的复制和购买的重复。

怎么理解购买的复制和购买的重复？说起来好像很高大上，事实却很简单。就是一个主妇买了绿格子的厨邦酱油，她用过后觉得非常好，并告诉另外一个主妇那个绿格子非常好。这就是购买的复制，这就能增加更多的购买者。购买的重复呢？就是连续购买同一种品牌的商品。这个主妇上一次买的绿格子酱油很好，下一次她再买一个绿格子的鸡精。不管是复制也好，重复也好，它的依据都是超级符号，是超级符号在实现这一点。

超级符号把想买我们产品的人尽快地吸引过来，同时也起到另外的作用，把不可能购买我们产品的人、低概率购买我们产品的人全部剔除出去，请他们让开。这是超级符号另外的作用。

同时，**超级符号还掌控着对经营者的奖励和惩罚机制**。经营者做得好，其产品满足了符号所彰显的价值，恒定满足这个符号的价值，它就会奖励经营者——使用过这个产品的人，对这个产品价值感到满意的人就会重复购买，也会有口碑，发生复制购买。如果经营者的产品不能满足其符号所提供的恒定价值，消费者会记住他，但记住的是不买他的产品，因为他并不能够兑现承诺。因此，我们讲，超级符号既是奖励机制，也是惩罚机制；既是一个吸引购买者的办法，也是一个排斥非购买者的办法。超级符号在这个意义上，实现了市场经济的道德净化功能，它督促生产者坚持产品品质的承诺。

超级符号是一种意志力。当我们为一个品牌、为一个商品建立一个超级符号的时候，它就代表一个终极的意志力。这个符号一旦代表这个恒定的价值，就永远代表这个恒定的价值，当价值改变的时候，符号也要随之调整。我们说它是一种意志力、一个终极目标，那么它就是不动如山的，一切都是为它服务的，它统领一切，这就是它的意志力。超级符号在产品和品牌的制高点上，因为真正在参与这场母体活动的不是产品，而是符号。

中秋节吃的不是馅饼，而是月饼。馅饼什么时候才是月饼？当那个馅饼被做成圆形的时候，它才叫作月饼。当它被做成三角形的时候，即使还是那个料，还是那个馅，它就是馅饼，绝不是月饼。所以**产品是披着符号的外衣，符号才是真正参与这场母体活动的角色。**

参与母体活动的超级符号是绝对意志力，它统领商品，统领这场母体活动。商品服从它，就会加入母体活动中；商品抗拒它，就会被从母体活动中剔除出来。这一切都是不可抗拒的。

从我们出生开始到死亡结束，这个过程也是不可抗拒的。我们不能选择我们的出生方式、我们出生的时候，所有的道具、所有的符号都已经就位了，就等着我们钻出来。钻出来，我们就开始了。死亡也是一样的，我们找不到新的死亡方式，也没有办法自己发明一套死亡的仪式。我们就只能灰溜溜地加入，加入母体活动中的属于我们的角色，然后灰溜溜地离开。这是自然的仪式，但也有个别的、局部的创新。比如有的人会要求死的时候不要放哀乐，要放快乐的音乐。这是可以的。旧有仪式当中要有音乐，他无非把哀乐换成喜庆的音乐而已，这是局部创新，他通过改变仪式中的符号内容，表达了自己对死亡的理解。但只能在他自己身上使用，而且一辈子用那么一次。

第四部分

货架思维

这是一个充斥着货架的世界

我们生活在文化母体当中，当我们的商品想参与一个母体活动的时候，我们需要为它找到一个购买理由。我们希望这个购买理由能够跟购买者发生沟通，这个时候需要使用超级符号，把购买理由表达出来，把它放大，然后让沟通得以发生。沟通在什么地方发生呢？我们做的这一切，是在一个什么样的环境当中得以完成的？这就是我们要讲的最后一个词"货架思维"。

什么是货架？以前我们可能认为货架是超市里面的

架子。后来电商出来了，货架还包括电商的页面。汉庭酒店的货架在哪里呢？既不在页面，也不在超市，它的货架在街道。

我们退一步想，商品来到货架，是为了跟消费者发生沟通，那么商品与消费者发生沟通的地方还有哪些呢？我们的手机是不是一个货架呢？——上面陈列着各种各样的商品的信息。电视机是不是一个货架呢？电影屏幕是不是一个货架呢？马路上的招牌是不是一个货架呢？

最后我们来定义一下什么是货架：商品或品牌的信息，和消费者发生沟通的地方，都称之为货架。这个世界就是一个充斥着货架的世界。

货架是商品与购买者沟通的媒介

货架有什么特征呢？货架在中间，货架的这边是销售者，那边是购买者。货架上放着什么样的东西呢？可乐、奶茶、橙汁放在一个货架上，电视机、录像机、影碟机、音响放在另外一个货架上。可见，同一个货架上充斥着同类产品，我们的商品周围全是我们的竞争对手，这是物理的货架。

而在无处不在的货架世界中，一瓶可乐的旁边，可能放着一台电视机；一个洗衣粉的广告结束之后，可能出现的是一则空调的广告。这个时候，我们的信息，不仅和同品类的竞争对手放在一起，也和不同品类的竞争对手放在一起，我们的信息一旦被发送出去，那就能够被受众听到，适合全世界所有的竞争。

当我们在做一个产品的包装、研发一个产品的时候，往往我们是在研发办公室，对着电脑。此时，因为信息呈现的地方是屏幕，所以我们的思维很容易被限定在一个屏幕里。我们以为我们在设定3×5×10（厘米）的盒子，但是事实上信息载体一旦被投放出去，就进入了信息汪洋当中，因此，我们要考虑它在货架上的呈现形态。我们的设计必须适应这个信息汪洋的环境，能够从这个环境当中跳出来，这个就是我们说的货架思维。

换言之，任何时候都要意识到，我们的信息出现在一个无边无际的大货架上面，在这个货架上有无数的信息跟我们争夺受众。

货架是母体和母体执行人沟通的媒介，是作为生产方的母体执行人和作为购买方的母体执行人相遇的地方。

货架有物理的货架、页面的货架、媒体的货架。

货架的特征，首先是信息环境，这个环境是由竞争对手发送的信息，以及我们发送的信息，二者共同构成的一个信息环境。这是货架的A面。货架的B面是购买者，是那个母体执行人。

货架意识就是无时无刻不意识到货架

当我们要发送信息的时候，首先要考察媒体环境：我们这条信息到达什么样的媒体环境？在这个媒体环境里面，我们这个信息如何凸显出来，战胜这个环境当中其他的竞争对手？

比如，我们要做一个包装，如果这个包装最终陈列在饮料的货架上，我们就要去饮料货架上看看，这个货架上其他的饮料是以什么形式呈现的，我们如何从中凸显出来。如果我们的信息是发送到电影院的墙面上的，我们就要去电影院看看，我们的这张电影海报，如何和其他的电影海报不一样。如果我们这本书要送到悬疑小说的货架上去，我们就要到悬疑小说的货架上看看，悬疑小说长什么样子，并思考我们如何才能做得和别人不一样，但是同时仍然是一本悬疑小说。

我们的产品如何能够做到既成为一瓶饮料，而又和所有的饮料不一样，这个是我们要思考的问题，这就是货架意识。我们要做一条电视广告，如何与这时段中前前后后的电视广告都不一样，然后又能准确地传达我们的商品的价值，这是货架思维。这是贯穿产品和品牌研发建设的全过程的，因为我们的信息无时无刻不在货架上，无时无刻不在竞争环境当中。

货架意识就是无时无刻不意识到货架。在货架上面发生了什么事情，购买的时候到底发生了什么事情，这里有一个概念，叫作产品全生命周期中的**奇点**。

这个奇点就发生在货架上，这个奇点就是，**商品与**

购买者之间沟通的发生，商品信息和受众之间有了第一次接触，获得了受众的注意，激活了文化母体传达出的购买理由。

这是一个产品的全生命周期当中最重要的一个点——不是研发那个点，不是制造那个点，不是运输那个点，不是陈列那个点，不是购买那个点，不是使用那个点，也不是口碑引发传播的那个点，而是沟通第一次发生的那个点。这个受众，这个购买者，这个母体执行人的注意力第一次停留在我们的品牌上，接收到我们传递的信息。在这个点上商品和品牌发生了转折，在这个点发生转折之后，商品不再是原来的那个商品，商品和消费者之间的关系发生了根本的改变。

沟通的发生：

第一眼被看见，被看见的同时被理解

当商品静静地待在货架上时，它在渴望有人把它买走，但它真的是静静地待在那里吗？不是的。它是在很大声地销售自己，这是没有声音的大声，通过它上面的超级符号，通过它的产品名字，通过它的购买理由，通过它的颜色、条纹、形状，它在竭尽所有的力量，在吸引购买者的注意。沟通的奇点一旦发生，一旦到来，当这个受众的注意力第一次落在商品身上的时候，我们要给他一个购买理由。

我们讲**沟通的发生叫作第一眼被看见，被看见的同时被理解**。所谓被理解，就是消费者理解我们的购买理由。理解我们是谁，我们是干什么的，我们提供什么样的价值，我们和别人有什么不一样，等等。这一切都在电光石火之间发生，一旦理解了我们的购买理由，他就只有两件事情可以做：一种是不需要我们的商品，并立即走开；另外一种是激活了他的母体行为，引起了他的兴趣，于是他就会把商品拿起来看看。

沟通发生的这个奇点，比后续的购买体验要重要得多，我们要做的就是竭尽全力，让沟通得以发生。首先要让购买者注意到，要让他看见我们的商品，而这个就是超级符号的核心作用。每一次我们都要反复考察，购买者能不能看到我们的商品。

我们要反复揣摩并模拟受众经过货架的状态。如果是超市的货架，购买者从5米外走过来是怎么样的，当距离逐渐变近，变成3米、2米、1米的时候又是怎么样的。购买者经过我们的商品所在的货架的时候，他什么时候看到我们的商品，如何让他最先看到我们的商品。如果是在手机屏幕上，我们就要不断地模拟，当购买者滑动屏幕到我们的商品所在的这个页面的时候，它怎么从这个页面跳出来，让他第一眼看到它。

我们要让消费者看到我们的商品或品牌，可以依靠视觉冲击力。消费者容易看到什么？消费者容易看到的是他感兴趣的东西，容易看到的是他自身携带的文化母体所特定的那些词语。

比如，对一个喜欢吃辣的贵州人来说，当他第一次来到某条有很多餐厅的街上并走过去的时候，给他留下印象的一定会是贵州菜馆、湘菜馆等，他可能会路过一家安徽菜馆，但他会视而不见。哪怕坐在公共汽车上，他或许随便瞟了一眼，看见那里一家望湘园，就会将它记住，就会立刻把它识别出来。消费者更容易发现他感兴趣的词和事物，我们每个人都是这样的。

这两个点——一个是视觉冲击力，一个是消费者本身就感兴趣的东西，也就是母体超级词语——是促成沟通发生的最重要的工具。

对一个感冒的人来说，从母体提取的超级词语是流鼻涕、打喷嚏、发热等；找到的超级符号是一个红鼻子，这是最能够吸引他的超级符号，因为这是他最关心的。对一个喜欢喝苹果汁的人来说，苹果就是高度敏感的符号。

商品信息和受众之间的第一次接触，也就是之前讲到的"对暗号"，就是把最重要的超级词语、最重要的超级符号，以最具有视觉冲击力的方式表达出来，让它呈现在包装上，呈现在海报上，呈现在广告语中。乃至于当我们要写一则新闻标题或者软文标题，我们都要把超级词语尽可能地放在前面。

具体来说，首先我们这个标题，一定是围绕着超级词语来造句的；其次这个词语要尽量安排在前面，尽早地让受众看到，如果能编排一下版式，我们就会把这个词加粗、变颜色，让它从这句话里面跳出来。在货架前的商品全生命周期里面的奇点，沟通得以发生的奇点，为了让它发生，我们的手段就是词语、符号、视觉冲击力。

沟通的顺序和速度决定沟通的效率和成败

    沟通一旦发生，就进入我们需要考虑的第二个问题：阅读顺序和阅读速度，沟通的顺序和沟通的速度。

    我们经常做的设计是平面设计，包装也好，广告也好，都是平面设计。平面设计不像广播广告，广播或电视媒体阅读顺序、阅读速度都是天然定时的。因此，我们要知道，规划平面媒体沟通的阅读顺序和阅读速度，是沟通有效率和获得成功的关键。不论是一张海报、一个封面，还是一个包装，我们都要严格规定，消费者阅读它的顺序，我们要反复调整并规划他先看什么，后看什么。

我们说，在那个奇点上，我们的商品和消费者之间的沟通得以发生，而且在沟通发生的同时，我们向他传达了购买理由。而所有接受购买理由的消费者，在他的脑子里面，在他的世界里，就只有这一个购买理由，不要打扰他，为他规划一个顺序，让他获取购买理由的证据，并且越快越好，让他迅速地通过文案、通过沟通，在心中证实购买理由，最终给出一个购买指令。

我们一开始就告诉他，这是一部关于西藏的小说，给出一个购买理由——"一部关于西藏的百科全书式小说"——并罗列书中关于西藏的灭佛运动、西藏的战争、西藏的文化、西藏的宗教等一系列相关的证据，最终给他一句购买指令："了解西藏，必读《藏地密码》。"这就是整个的沟通过程，有奇点沟通发生，有准确的阅读顺序的安排。

阅读顺序怎么安排？中国人习惯的阅读顺序是，从上往下，从左往右，从大到小，然后还会有选择地先读颜色不一样的文字。为什么我们要把这个文字的颜色变得不一样？因为我们希望他先读到这里，这些都是对阅读顺序的安排，对整个阅读体验的安排。有时候我们会让一句话放大或者变一个字体，是为了防止他阅读速度过快，这是告诉他可以只读这句话。

整个阅读顺序、阅读体验规划好了，那该怎么加快阅读速度呢？**我们用超级句式加快阅读速度，用短语加快阅读速度。**如果我们的句子有两个以上的转折，消费者就必须一个字一个字地读，阅读速度就一定会慢下来，从而极有可能停止购买。阅读顺序和阅读速度，是在货架前沟通的两个关键点。

用极简化的货架思维模型帮助我们思考

与母体执行人对话应该是有血有肉有反应的，商品和购买者之间沟通的发生，是一个商品在整个生命周期当中命运转折的奇点，这是最关键的事。沟通的发生，就是一个购买者经过货架的时候，我们的商品和他之间发生了沟通。我们追求的是第一眼被看见，被看见的同时被理解。我们希望消费者在货架前忽略我们的竞争者，第一个跟我们发生沟通。

我们需要做的就是在这个信息环境当中击败竞争对

手，跟母体购买执行人进行有效的沟通。我们希望这个沟通有问有答，我们说一句话，受众回答一句话，他回答完那句话，我们再说一句话，我们说完这句话之后，他又回答一句话。因此，我们要把跟购买者沟通时他所说的话全部设定好，让他一定要说这句话。怎么设定呢？和购买者之间的沟通，购买者要说一些什么话呢？

购买者千篇一律地会说这几句话：第一眼看到时会说"咦"。我们说《藏地密码》，他说"咦"。我们说"一部关于西藏的百科全书式小说"，这就提供了价值，于是他说"哦"。然后我们说，你知道西藏灭佛运动吗？你知道希特勒进藏吗？你知道天葬是怎么回事吗？他说："啊！这样啊！""哦，真的！"最后我们说："了解西藏，必读《藏地密码》。"他说："对对对，买来看看，买来看看。"这是沟通的全过程。

我们之前讲，购买理由是激活文化母体，使产品能够寄生到母体活动当中。当然我们在写文案的时候，是证明购买理由，证明的过程就是现在罗列的这个过程：首先说一声"咦"，接着说"哦"，然后说"啊，对对对，买来试试"。我们一定要让他说出"买来试试"这四个字，一定要让他最终说"可以买来看看""可以买来翻翻""可以买来尝尝""可以进一步了解一下"。

以上讲的是一本书、一瓶饮料的例子，我们再来看其他的案例。当我们对购买者说"天安门正南50公里"时，他会说什么？他会说："咦，有这么一个工业园区？"接下来，我们说"从CBD开车过去只要半小时"。他说："哦，有价值！"然后我们对他说，有多少条高速公路通到那个地方。他会说："啊，太方便了。说买来试试。"如果他说"好，下次带董事长、带投资人去看看"，这是不是买来试试？这也是买来试试。所以无论我们卖一本书，还是卖一个工业园区，整个的沟通都是这样，充满了发现感、价值感。

然后我们要思考如何体现发现感和价值感，我们是通过什么去实现的。还是回到之前所说的，**发现感和价值感是通过把我们的价值嫁接于文化母体当中的符号来实现的**。之所以说出"天安门正南50公里"，他会说"咦"，是因为天安门这个母体是有价值的，而且价值是明确的——北京的中心，这是地标的价值。"正南50

"我爱北京天安门正南50公里" —— 固安工业园区

固安工业园区是华与华超级符号和超级口号方法的代表作，将区域的优势和禀赋浓缩为一句话，并嫁接到北京天安门这个地标符号上，创意出了"我爱北京天安门正南50公里"这个超级符号，让投资者立刻熟悉固安、喜欢固安。

固安工业园区的广告牌，成为高速公路上的一道风景线。

在固安的城市导视系统上，也用上"我爱北京天安门正南50公里"的超级符号。

"我爱北京天安门正南50公里"，为固安加油。

在固安工业园区成立十周年晚会上，一群10岁的小朋友合唱"我爱北京天安门正南50公里"，载入固安美好的城市回忆。

参观固安城市规划展馆的来宾最后都在"我爱北京天安门正南50公里"标语牌后合影，带走固安记忆。

公里"，我们的价值便附着上去了，嫁接到天安门这个母体上去了，这样才能发出那一声"咦"。如果我们说凤凰城正南48公里或者32公里，那这个母体就只对凤凰城小区有用，这个小区的人一看，"咦，不错，哦，工业园区"，然后说"啊，关我什么事"，这样的沟通就没有效果。

在货架上，发生的事情真的就这么简单吗？沟通的发生，是第一眼被看见，被看见的同时被理解，然后开始考虑阅读的顺序、阅读的速度。和虚拟购买者母体之间进行沟通，我们所设定的一问一答，我们说一句，他回答一个"咦"，我们又说一句，他再回答一个"哦"，我们又说一句，他再说一句"啊"，然后我们下达购买指令，他说"可以，买来试试"。这是极简化的货架思维的模型。

超级符号"超级"在哪儿

我们稍微拓宽一点，就会发现货架无比混乱和庞大。

电影院的墙上，贴了两张海报，一张海报是大明星拿着杆枪，冲锋陷阵；另外一张海报连人脸都没有，只是被一张黑红格子布包裹着，是蜘蛛侠。这两张海报，哪个更有视觉冲击力呢？

不管那个大明星是谁，他都赢不了一个没有脸的符号，他都赢不了一个蜘蛛侠。因为，首先，蜘蛛侠有着强烈的视觉冲击力；其次，大明星是流水的大明星，每个阶段都不一样，而蜘蛛侠有了超级符号，它就是铁打的营盘。这个符号裹住谁谁就火，谁火这个符号就裹住谁，对不对？

这两者的区别是什么？"谁火这个符号就裹住谁"的意思是，它把当红大明星的流量全都转移到这件衣服上了；而"这个符号裹住谁，谁就火"的意思是，当蜘蛛侠的衣服积累了一代又一代扮演者的能量之后，就可以赋能于新的扮演者，让他火起来。

所以不管是明星也好，产品也好，他们都是流水的兵，最后留下的都是超级符号。当蜘蛛侠的超级符号出现在电影院墙上的时候，这个符号里面释放出来的能量是几十年积累下来的，当蜘蛛侠开始积累能量的时候，旁边这个当红明星或许还没有出世，他们怎么比？这个明星最多火了三五年，但蜘蛛侠已经火了五十多年了。这个明星运气好一点或许还能再火三五年，但蜘蛛侠还可以再火几十年。这就是超级符号在货架上出现所携带的巨大能量。

还有一点，明星可以演各种各样的电影。一个喜剧演员可以演各种各样的喜剧，有的非常好笑，有的比较好笑，有的不好笑；有的时候要突破，他可能会演枪战片，但这就降低了喜剧演员的价值。而蜘蛛侠，给我们看的永远都是拯救世界、锄强扶弱的故事，永远都是超级英雄的故事，这个符号所承诺的价值是恒定的。当我们看到《蜘蛛侠》海报的时候，我们已经知道要看一部什么样的电影，在货架前面发生了怎样的沟通。

当影评人天天在说千篇一律的超级英雄电影没有这没有那的时候，他并不知道，超级英雄电影必须克制新意，必须老套，只能进行局部翻新。因为它是有符号系统的，而它的符号系统，代表的价值必须是恒定的，只能在不断的循环过程当中进行局部创新、局部翻新，而永远不能给你过大的惊喜。这就是漫威斯坦·李在谈论超级英雄电影研发时说的"改变的幻觉"。这还是得说回我们之前讲的那句话，你不希望喝到的任何一瓶可口可乐，比以前喝的更好喝。

回到电影海报的话题。在电影院的墙上，你的海报要是有超级符号，就能传达恒定的价值，就能够引起恒定的预期。满足这个预期，就可以实现销售。

我们每次看《007》的时候，都会发现故事脚本是几乎一样的，因为它是品牌，有它的符号体系，所以脚本必须是一样的。每次都是007要去度假，他的头儿给他打电话说你不要去度假了，有一个坏蛋需要你去除掉。他千个不愿，万个不愿，但还是要去除掉坏蛋。然后他肯定没除掉这个坏蛋，还掉到笼子里，接着会出来一个姑娘救了他。救了他之后，他们两个人就会上床，上了床之后两个人又会掉到笼子里。然后他们会从笼子里爬出来，再把那个坏蛋除掉。而且，最后他一定会跟姑娘分手，不能结婚，因为下一集还有新的姑娘出来。

是不是这样的呢？换的是什么呢？上次《007》电影里坏蛋要炸伊斯坦布尔，这次便去炸埃及，炸完了埃及又去炸大本钟，这些地方在不停地更新。而消费者看的是什么？恒定的价值。这个恒定的价值就是男人的梦想，有花不完的钱，开最好的车，跟最漂亮的女人上床，消灭最坏的坏人，拯救世界。永远都是这样，一样的调料，一样的配方，不一样的局部创新。

有了这个符号系统，007的演员就可以不停地换，但换来换去打枪的姿势却始终是一样的，因为007打枪的姿势是这个品牌的符号体系，是它的超级符号。当《007》的海报出现在墙上、货架上的时候，它的沟通力就比没有符号系统的海报的沟通力要强很多。

超级符号能在货架上形成压倒性优势

有了符号系统以后，我们的商品就不仅仅待在货架上，它还可以从货架上跳下来。蜘蛛侠可以从墙上的海报跳下来，占领可乐瓶的货架；他也可以跑到服装店去，占领衣服的货架；他还可以跑到文具店去，占领圆珠笔的货架。只要有了超级符号，我们的货架就是无限的，无论哪个货架我们都可以去。最后，当这一季过去，蜘蛛侠的海报从墙上掉了下来，已经被揉烂撕碎丢到垃圾堆里了的时候，只要有人看到碎片，看见蜘蛛侠的衣服，它就还在传达品牌的信息。因此，垃圾堆也可以是一个货架，在垃圾堆里面我们也可以传达品牌信息。

读客做一本书的腰封，要求腰封正反面都写满文字，而且必须有完整的产品名和购买理由。因为腰封摘下来以后依然是一个媒介，我们的要求是腰封撕得再碎，都可以辨认出是读客的腰封，因为我们有黑白格子，有超级符号，可以适应任何货架。

我们能不能让所有的商品做到这一点呢？可以。厨邦现在就做到了。有一天我去三亚的海边吃饭，大排档用的筷子桶就是厨邦的鸡精罐。这样一个罐子往那儿一摆，若是没有符号的话，我是认不出来的。而且它那里摆放的全是厨邦鸡精罐，显得特别好看、精神，厨邦牌筷子桶，名牌筷子桶，因为它有值得信任的格子。那是不是一个货架？当然是，品牌信息流过的所有地方都是货架，在所有的地方，我们都要成为最有视觉冲击力的，同时能够传达品牌价值的商品。

　　我们会收集一切可能收集的建立品牌资产的能量，通过什么来收集？通过超级符号来收集。对货架思维来说，就是意识到无处不是货架，无处不在与人沟通。和购买者沟通，也和销售者沟通；和渠道沟通，也和店员沟通；和媒体沟通，也和物流沟通。所以读客的产品运输包装上会写："读客图书，优先拆包。"因为我们知道库房也是一个货架，各种各样的信息一样在竞争。黑白格卖得好是这么多年培养起来的意识，我们在那张牛皮纸上印了黑白格的，并给出一个指令，要优先拆包。那里是一个货架，因为它卖得好，我们就年复一年地教育他要优先拆包。

　　什么叫购买？所谓**购买，本质上就是：让对方按照我们的要求去做一件事情**。拆包就是一次购买，点击也是一次购买，掏钱更是一次购买。购买就是让合作方按照我们的指令、我们的愿望行事。所以在英语里面如果一个人不服你，不愿意按照你的指令行事，他就会说："我不会买它。"渠道优先让我们产品上架，这也是购买。

产品研发一定要意识到货架是无处不在的

我们再从超市里的货架出发来梳理一遍货架思维。

我们开发产品、设计产品、包装产品，最终我们的产品来到货架上。我们说货架环境复杂，我们希望我们是货架前最先和消费者产生沟通的。这个购买者是什么样的人？前面讲到虚拟购买者，我们把他叫作单数母体执行人，我们找到了他，他现在已经出现了，但他不是直奔我们的商品而来的，他甚至都不知道我们的商品在这里，他仅是来了而已。他想买洗衣粉，但并不知道要买哪一包，他就是先走过来看看。卖得最好的洗衣粉是什么？汰渍，因为汰渍的视觉冲击力是最强的——一圈黄，一圈红，套一圈黄，套一圈红，像一圈靶心。这个靶心是消费者目光的靶心，消费者会自动瞄准，它因而能成为第一个和消费者沟通的商品。

比如，我们走在街上去吃饭，海底捞给我们竖了一个靶心，"一起嗨，海底捞"里面有一个"Hi"。海底捞就是在街头巷尾，给饥饿的人竖立了一个目光的靶心——来看我！消费者就是这么配合，给他一个靶心，他的眼睛就会去瞄，一瞄就瞄到了海底捞。这就是货架思维，海底捞就是把街道当成货架，给消费者的视线规定路径。

我们又从货架上说起，当购买者把这个商品拿下来，放进他的购物袋，然后把它买走，拿回了家，拿回了宿舍，拿回了办公室，这个时候，家、宿舍、办公室就成了货架。

当我们设计《参与感》这本书的封面时，就用了橙色的荧光色。我们知道这本书必然畅销，要让商务人群感觉到这本书无处不在，我们就要设想商务人群工作、生活的场景，在这些办公室，这些社交场合里面，如何让这本书无处不在。如果它是一本白皮的书，我们就看不见它；如果它是一本橙色的书，我们就藏不住它。

配合海底捞全球化战略，华与华为海底捞创作了字母i变形为 *i* 的 "Hi" ——这一全球通用的超级符号，并寄生于火锅欢聚文化中，为海底捞创作了 "一起嗨，海底捞" 的超级话语，传递出海底捞热情服务和一起嗨的品牌文化。

同时，新品牌形象也全面用于海底捞火锅底料快销品业务，为海底捞统合了新的品牌资产。

后来有一天，黎万强对我说："全部让你说中了。当我把书送完以后，就不想再送人了，我就把最后一本压在一大堆书下面，但是别人还是通过橙色的书脊一眼就看出这本书是《参与感》，然后就被要走了。"

是的，这本书只需要看一个侧面，辨认一下颜色就能被识别出来。因为它的设计是基于货架环境的设计，基于货架无处不在的原理来做的设计。

读客出品的《参与感》

读客的书，为什么有一小串格子？当有这一串小格子时，我们就不担心书被遮住，不担心书会落在下面，因为它一定能从里面跳出来，而且在任何地方都能。

然后基于货架环境的设计，我们每一本书都有这么一小串20厘米长的格子，当我们每本书的格子都在同一高度的时候，如果货架上有10本书就会有200厘米长的格子，这个时候的视觉冲击力是没有任何竞争对手可以与我们抗衡的。这样，我们就占领了货架。

用超级符号最大限度地占领货架的有限领土

这个时候我们回过头来，在货架前面我们经常说到货架的领土意识。

把货架当成我们的领土并把它占领，通过超级符号宣布我们对领土的所有权，让竞争对手挤不上来。如果连挤都挤不上货架，还怎么与我们竞争呢？

我们每次推出一个新产品，都从货架上挤走一个老产品。这就叫作"总把新桃换旧符"。"新桃"是我们的，"旧符"是对手们的。我们不停做新桃，换掉旧符，换掉之后他们就上不来了，而我们要占住。

之前讲符号是永恒的，文化母体是永恒的，现在我们说货架也是永恒的。**商品是流水的，货架是永恒的。**消费者在他的生命周期里面，周而复始地来到货架面前，他上个月来过，这个月也来，下个月还来，他周而复始地来，进行着他的戏剧，还有更多的消费者接踵而来。

在货架面前的人，有的买过我们的商品，有的从来没有买过我们的商品，甚至从来没有听说过我们的商品。从来没有听说过我们的商品的人来到货架前，看到了我们的商品，这就是沟通的发生，这就是商品周期当中的奇点。

以前买过我们的商品的人，我们称之为携带信息包的人，他知道这个格子里面包着的书好看，他知道那个格子里面包着的酱油好喝。对于携带信息包的人，我们通过不断扩张我们的货架领土，销售更多的东西给他。

清理设计垃圾可获得最高效的包装

我们再来看看清理设计垃圾。

我们开发出一个产品，为它设计好包装，为它规划了超级符号，规划了购买理由、阅读顺序、阅读速度、证据的罗列，所有购买指令的下达也全部做完了，看到这个包装，我们会觉得它是完美的，完全实现了我们之前讲到的那些效果，放到货架上去也发现很有优势。但往往因为我们的包装上面充满了设计垃圾，干扰了阅读。而我们作为设计者，作为研发人员，会自动忽略那些垃圾。这样的事情少见吗？这样的事情太常见了，天天都在发生。

比如，我们两个月以前是那么想的，按照那个思路做这个包装，做这个产品，然后我们做了一套设计。过了一个月，我们觉得不对，于是我们就开始改，一旦开始改，就会有垃圾产生。因为你在这一稿里面，会自动把上一次留下来的那些元素、那些表达的方式忽略掉，它就这样留在那里了，于是我们的包装上就留下了一些莫名其妙的线条，留下了一些莫名其妙的颜色，留下了一些莫名其妙的字眼，我们这是在上一个垃圾场上建造新建筑。又过了一个月我们觉得还不对，总觉得某个地方可以再改改，于是我们又在第二个垃圾场上做新的设计……到七稿之后，我们终于觉得把事情讲清楚了，终于把价值表达出来了。透过层层垃圾，我们自己或许能知道这是什么东西，但对购买者来说，他看到的只是一堆垃圾，因为他并不在我们的语境里面，并不知道我们要说什么。

这些垃圾包括什么呢？包括多余的符号、多余的字眼、多余的线条、多余的阴影、多余的灰尘……只要有多余的，就会干扰，就会扰乱阅读顺序，就会拖慢阅读速度。由于通过包装的沟通是在电光石火之间完成的，因此我们就要保证沟通的效率。

包装上面任何一根线条、任何一个色块，都是必须要求的东西，任何一个不是必须存在的东西，就必须去除；任何导致歧义的字眼必须纠正；任何导致阅读顺序混乱的排列必须调整；任何阻碍阅读速度提升的文法必须得到改正。

在做设计清理的时候，我们就是要拿着这个包装，一个字眼、一个色彩、一根线条、一个阴影地考问过去，大胆地把所有我们认为、我们确定是不必要的东西都去掉。如果这个元素，无法确定是不是必需的，怎么办？当我们产生这个疑问的时候，它就已经不是必需的

180

了。并不存在无法确定是不是必需的东西，只要有可能是必需的，就肯定不是必需的。只有当我们确定它是必需的，那么它才是必须保留的。

当我们把所有设计垃圾全部清理掉的时候，我们做出来的就是一个非常高效的包装，一个非常高效的海报，一个非常高效的超级符号。

围绕超级符号的工作，其乐无穷

我们经常会说，一个品牌、一家公司建立了一个帝国，这个帝国在哪里建立？苹果建立了一个帝国，可口可乐也建立了一个帝国，这个帝国在哪里？这个帝国的领土在哪里？这个帝国的领土就在货架上。

读客也希望建立一个帝国，我们的帝国在哪里呢？在书店，在电影院，在电脑屏幕上，那里是我们的领土。我们要通过携带符号的产品，以阵列的形式占领这个货架。

之前讲到的厨邦，也在飞速发展，它的发展伴随着的现象就是：厨邦在货架上占领的领土越来越大，有越来越多的产品刷上了绿格子，出现在货架上。而调味品本身的货架有没有变大呢？并没有变大。人们消费的酱油本身有没有增加呢？并没有增加。只不过是因为厨邦在货架上，把别的竞争对手都挤下去了，不断地侵占领土，占领了这个货架。

什么叫作占领了一个山头？并不是冲上去一个士兵就占领了一个山头，而是把我方的旗帜插到了敌方的山头上，这才叫占领。当我方士兵把旗帜插到敌方的山头上的时候，对手会马上崩溃；而若只是几个人冲了上去，抢占了敌方的机关枪，那就不叫占领。

在这个货架上，摆满了我们的产品，这并不能叫作占领；在这个货架上，插满了我们的超级符号，这才叫占领。我们要做的就是，把我们的符号，插到我们要去的货架上，而且插得越多越好。因为有符号的帮助，

绿格子能形成强烈的陈列效果，特别是作为瓶形包装特有的45°角陈列面。因为消费者在超市是在货架之间穿行，他们看货架上的商品首先是从45°视角看的，而厨邦酱油瓶包装的侧面恰好形成了一个密集陈列的绿格子阵列。

我们的产品，我们的士兵就会非常快速地去占领这些领土。货架是永恒的，同时也是有限的，如果货架是无限的，就没有这场战争了。

可以思考一下，亚马逊的货架是无限的吗？因为并不是有一个架子就叫货架，而要有购买者经过才叫货架。就像之前讲到的，货架有A面和B面，A面是商品，B面是购买者。即使拥有无限的页面，但是没有人点击，那就不能叫作货架。货架一定是有限的，所以我们才在上面扩张领土。

在这个旋转中的银河系里，文化母体是永恒的，货架是永恒的，购买者是永恒的，超级符号是永恒的，而我们都是过客。但是我们可以找到永恒的文化母体，在永恒的货架上面，为永恒的购买者，创造一个永恒的超级符号。这可能是我们一辈子的工作，其乐无穷！

激发个人成长

多年以来，千千万万有经验的读者，都会定期查看熊猫君家的最新书目，挑选满足自己成长需求的新书。

读客图书以"激发个人成长"为使命，在以下三个方面为您精选优质图书：

1. 精神成长

熊猫君家精彩绝伦的小说文库和人文类图书，帮助你成为永远充满梦想、勇气和爱的人！

2. 知识结构成长

熊猫君家的历史类、社科类图书，帮助你了解从宇宙诞生、文明演变直至今日世界之形成的方方面面。

3. 工作技能成长

熊猫君家的经管类、家教类图书，指引你更好地工作、更有效率地生活，减少人生中的烦恼。

每一本读客图书都轻松好读，精彩绝伦，充满无穷阅读乐趣！

认准读客熊猫

读客所有图书，在书脊、腰封、封底和前后勒口
都有"读客熊猫"标志。

两步帮你快速找到读客图书

1. 找读客熊猫

2. 找黑白格子

马上扫二维码，关注"**熊猫君**"

和千万读者一起成长吧！

图书在版编目（CIP）数据

超级符号原理 / 华杉, 华楠著 . —— 上海 : 文汇出
版社, 2019. 4

ISBN 978-7-5496-2769-1

Ⅰ. ①超… Ⅱ. ①华… ②华… Ⅲ. ①市场营销学

Ⅳ. F713.50

中国版本图书馆CIP数据核字（2019）第030864号

超级符号原理

作　　者 / 华　杉　　华　楠

责任编辑 / 若　晨
特约编辑 / 周奥扬　　简天舒　　闵　唯
排版设计 / 陈宇婕
封面设计 / 肖　雯

出版发行 / **文匯**出版社
　　　　　　上海市威海路 755 号
　　　　　　（邮政编码 200041）
经　　销 / 全国新华书店
印刷装订 / 天津联城印刷有限公司
版　　次 / 2019 年 4 月第 1 版
印　　次 / 2023 年 2 月第 8 次印刷
开　　本 / 787mm×1092mm　　1/32
字　　数 / 73 千字
印　　张 / 6.25

ISBN 978-7-5496-2769-1
定　　价 / 68.00 元